DIGITAL ¥

デジタル円

日銀が
暗号通貨を発行する日

井上哲也

INOUE TETSUYA

日本経済新聞出版

はじめに――なぜいま「デジタル円」なのか

主要国に比べて「キャッシュレス化」で後れを取っているとされる日本[1]でも、私たちは、給与や年金を民間銀行の預金を通じて受け取り、日常生活に必要なお金のほとんどをクレジットカードやデビットカード、電子マネーを用いて支払うことができる。民間金融機関も、家計や企業向けにパソコンやスマートフォンの上で取引や手続きが完結する金融サービスを提供し、民間金融機関同士あるいは中央銀行との取引のほとんどは預金の受払いを通じて行っている。

これらの金融取引は物理的なお金のやり取りではなく、デジタルデータによって行われているという意味では、日本でも支払や決済の手段としての通貨のデジタル化は、既にかなり進捗していると言える。それなのになぜ、日本国内でも中央銀行によるデジタル通貨の発行が関心を集め、官民双方の側による議論が活発化しているのであろうか。

その背景は、主要国に共通するいわばグローバルな要因と日本に固有ないわばローカルな要因の二つに大きく分けることができる。後者は本書の後半の章で詳しく議論することにして、ここでは前者について概観しておきたい。

図表0-1　主要国における銀行券の使用状況

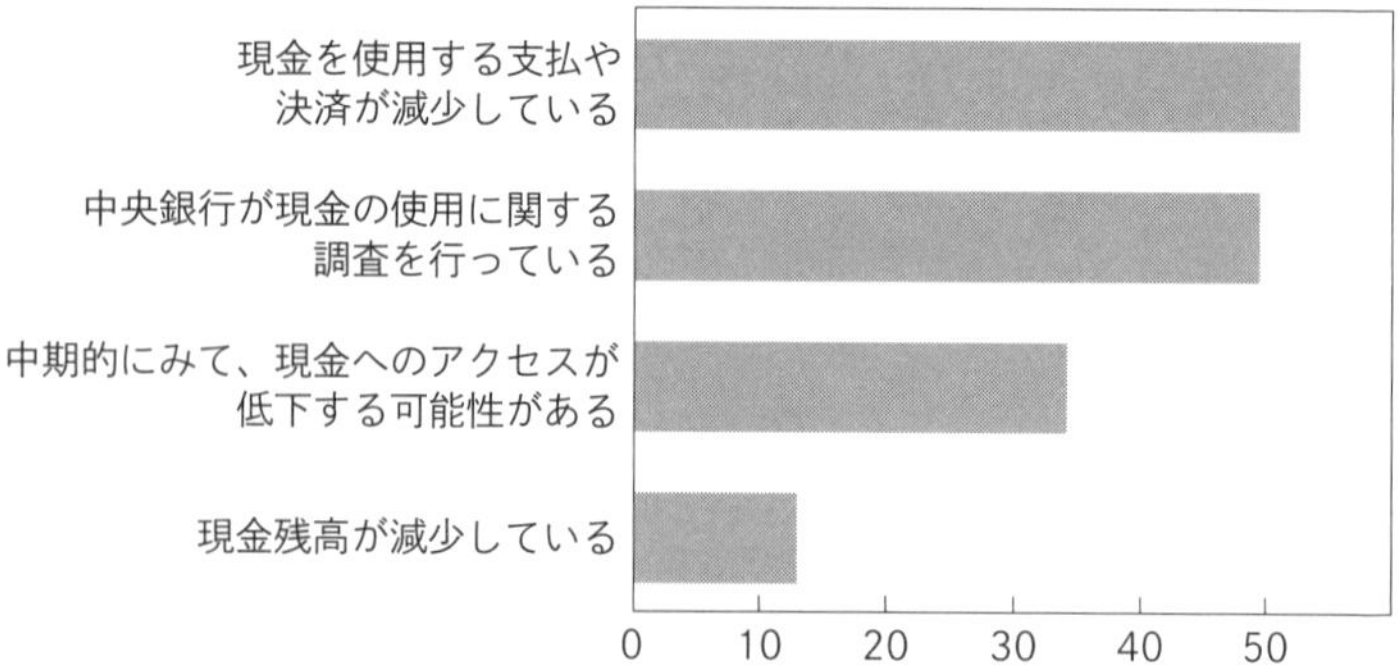

現金残高が増加している国でもその殆どが高額紙幣の増加によるものであり、
主として支払や決済のために使用される小額紙幣の残高は横ばいないし減少している。

資料：BIS

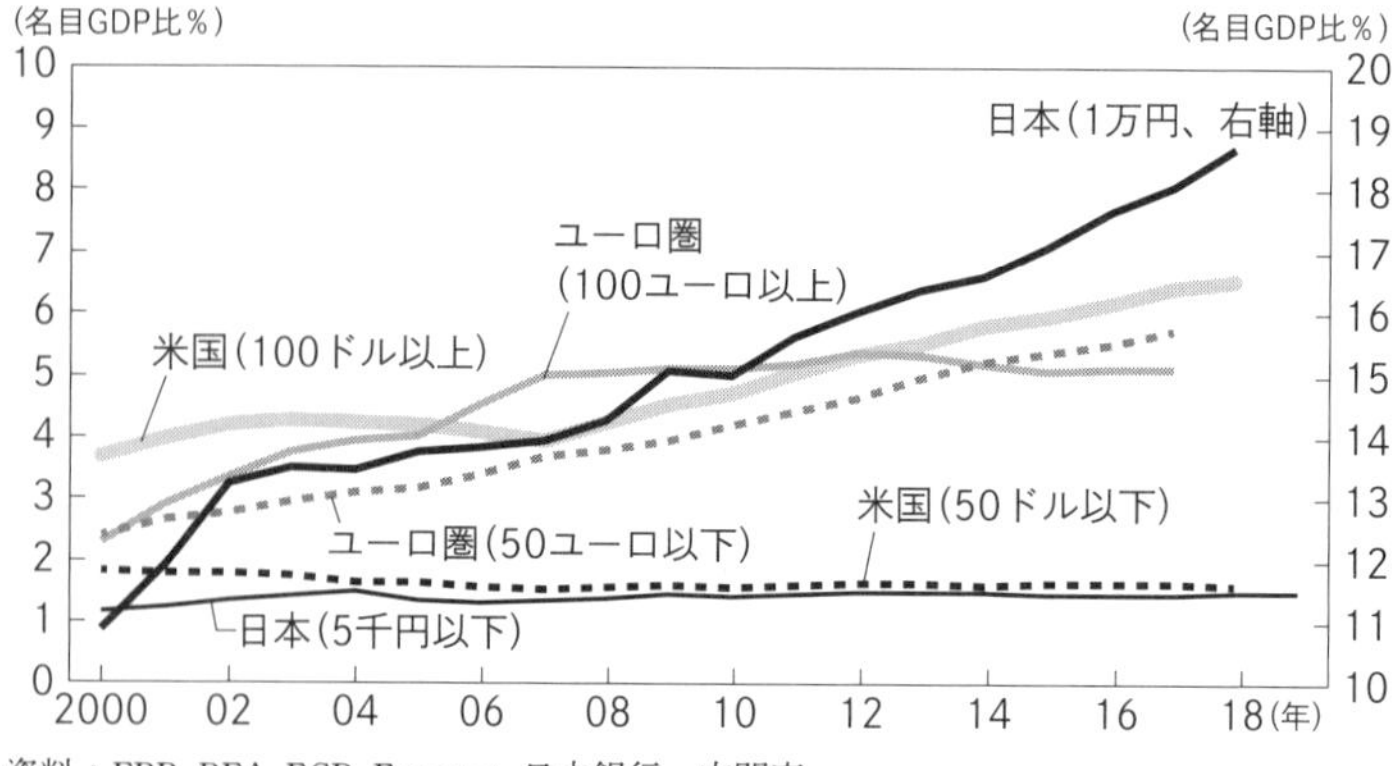

資料：FRB, BEA, ECB, Eurostat, 日本銀行、内閣府

1　デジタル時代に即した支払や決済手段の提供

現在、家計や企業が「キャッシュレス」で支払や決済を行う上で使用できる手段は、先にみたように銀行預金や、それに紐づけられたクレジットカードやデビットカード、あるいはお金をチャージした電子マネーなどである。これらは最終的には銀行預金を用いて決済されるが、その銀行預金も民間企業の負債に過ぎず、したがって、発行している銀行が破綻した場合には価値が喪失するリスクを抱えている。

しかし、そうしたリスクを伴うようでは経済活動を円滑に進めることができないだけでなく、家計や中小企業のような弱者を社会的に保護する必要もあるので、金融当局は民間銀行に規制と監督を行い、預金保険のような制度を通じて、万一の場合にも預金の価値が保護されるように対応をとっている。

一方で主要国では、インターネットを用いた電子商取引が急速に拡大し、映像や音楽からビジネスに関する情報や知見にいたるまで多様なデータの取引が幅広く普及するなど、家計と企業の双方で経済活動のデジタル化が大きなトレンドになっている。このため、こうしたデジタル経済に即した支払や決済の手段に対するニーズは拡大し続けてきた。

そこで、既存の金融機関とは異なる民間業者が暗号技術を含むＩＴ技術を活用しつつ相次い

図表0-2　「ステーブルコイン」の仕組み

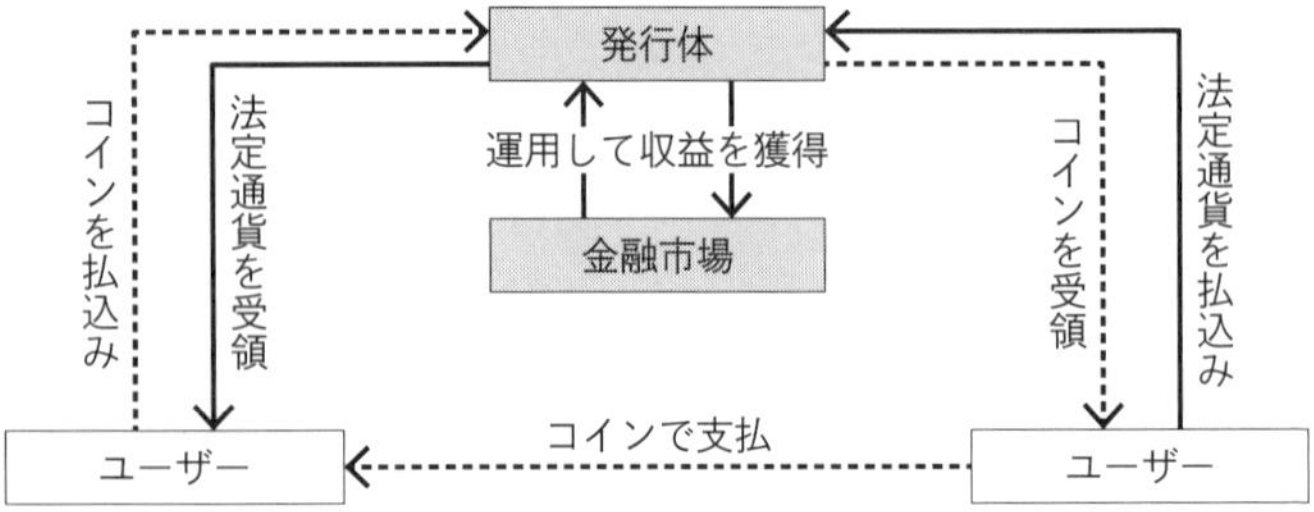

資料：筆者作成

で導入した「暗号通貨」に対しては、そうしたニーズを満たすことへの期待が集まった。これらの「暗号通貨」は、現在の主たる支払や決済の手段である銀行預金などと異なり、大規模で集中的な決済システムが不要であるほか、支払や決済の背後にある取引を自動的に執行することもできるといった点を含めて高い効率性を発揮しうる。[2]

しかし、第1章で詳しくみるように、価値の極めて大きな変動や、取扱業者における不正やセキュリティの不満などの問題のために、結局のところ支払や決済の手段としての役割を果たすことができず、主要国の金融当局による「暗号資産」としての再定義の下で、一部の投資家による投資手段として活用されるに止まっている。

もちろん、近年の「暗号資産」の中には、特定国の通貨と一定の比率での交換を約束することで価値を安定させ、信認を高めることで支払や決済の手段としての活用を図る動きもみられる。もっとも、こうした「ステーブルコイン」[3]の場合も、「暗号資産」の発行業者がいわば「勝手に」既存の通貨との関係を保証しているだけで、裏付け資産に対する監督の欠如も含めて、その実効性には問題も残る。[4]

こうして、経済のデジタル化に即した安全性を備えた支払や決済の手段に対するニーズの高まりに対する様々な対応策の一つとして、中央銀行によるデジタル通貨の発行の可能性が注目を集めるようになったわけである。

つまり、中央銀行がデジタル通貨を発行すれば、通貨のデジタル化に伴う受け払いの利便性や取引との連携などといった効率性を具備しながら、中央銀行の信用によって裏付けすることで、価値の毀損や変動のリスクが極めて小さいという意味で高い安全性を有する支払や決済の手段を、家計や企業、民間金融機関が活用できるようになるという考え方である。

2　金融サービスに対するインフラの提供

安全性と効率性を兼ね備えた支払や決済の手段に対するニーズは、金融機関を含む民間業者のイノベーションやそれを巡る競争によって対応することも理論的には可能である。

主要国では、「キャッシュレス化」に対する政府の助成策もあって、IT企業や電子商取引の提供企業のような新規参入者も含めて、多様な民間企業がデジタルベースの支払や決済の手段を提供し始めていること[5]は――現時点では、それらの多くも銀行預金に紐づけられている点で現在の金融システムの範囲内の動きではあるとしても――将来に向けて様々な可能性を感じさせる。

もっとも、こうした動きを家計や企業といったユーザー側からみると、それらの支払や決済の手段が相互に独立に提供され、使用できる場所や用途、リベートの有無などがそれぞれに限定されている点で、決して利便性が高い状況とは言えない。これを金融システム全体からみても、支払や決済の手段のように導入に際しての固定費が大きなビジネスでは、フローの収益のみを巡る過当競争に陥りやすい点で必ずしも効率的とは言えない。

もちろん、支払や決済の手段には、利用者が増えれば増えるほど利便性が向上するという意味で「ネットワーク外部性」[6]が存在するだけに、現在のような多数の主体による競争も、やがては少数あるいは単独の主体による寡占や独占によって終結することになろう。その意味では、家計や企業における利便性の問題も一時的に止まると期待できる。

しかし、そのように寡占や独占の状態を手に入れた民間企業は、それまでの競争に費やしたコストの回収を含めて利潤の最大化を図ることになろう。その時点ではまさに「ネットワーク外部性」のために他の主体による新規参入の脅威は低下している点で、競争を勝ち抜いた企業は、ユーザーから高い利用料を徴収しうる状況になっている。このように、家計や企業の利便性は結局のところ損なわれるリスクがあるだけでなく、金融システム全体としてみても、競争に敗れた主体のシステムは価値を失う点で効率的とは言えない。

この問題への対応策の一つとして、中央銀行が公的なインフラとしてデジタル通貨を発行することが考えられる。その上で、金融機関を含む民間企業は、中央銀行デジタル通貨を活用して多様な金融サービスを開発し提供することで、競争に伴う効率性やイノベーションの促進という効果を維持するわけである。

この点に関しては、中央銀行が少なくとも銀行券をデジタル通貨によって代替するだけでも、民間企業によるイノベーションの促進に繋がることに注意する必要があろう。現在の中央銀行によって家計や企業が支払や決済に使用する手段として発行されている銀行券は、中央銀行の信用に裏付けされているだけに安全性は高いが、物理的なやり取りが必要であるだけに経済のデジタル化に対応することが難しく、民間業者によるイノベーションの上では支障となるからである。

このように、公的な主体がインフラ部分を整備し、民間業者がそれを活用したサービスの提供で競争するという仕組み――いわゆる「上下分離」方式――は、主要国では同じ「ネットワーク外部性」を有する産業である電力や鉄道などにおいて既に一般的になっている。つまり、中央銀行デジタル通貨は、「上下分離」を金融サービスにおいて実現する考え方として、注目されているわけである。

3　情報の管理と利用の促進

中央銀行が支払や決済のために発行する銀行券は、背後にある取引の内容はもちろん、利用者に関する情報も当事者だけに明らかになるという意味で匿名性を有しており、マネーロンダリングやテロ資金、脱税などの目的で使用される面が大きくなっている。実際、主要国の中央銀行では、こうした目的での使用を抑制するために、高額紙幣を廃止する動きもみられる。[7]

皮肉なことに、近年導入されている「暗号資産」は、この問題をむしろ深刻化している面もある。「暗号資産」の発行者や取扱業者は、民間金融機関のように、個人や取引に関する認証の義務を規制上ないし実態上負っていないケースがみられるからである。

この問題に本格的に対応する上では、中央銀行がデジタル通貨を発行することで、個人や取引に関する情報を収集し分析しうる状況にすることが一つの対応策となる。なぜなら、銀行券とは異なり、デジタル通貨は、そうした情報を記録することが可能であり、しかも容易だからである。後の章でみるように、そうした情報を中央銀行が直接に扱うことに伴う問題が大きいようであれば、他の公的当局に委託することもできる。

もっとも、個人や取引に関する情報を、中央銀行を含む公的当局が抱え込んでしまうことにも大きな弊害がある。なぜなら、金融機関を含む民間業者はこうした情報を蓄積し、分析することで、家計や企業のニーズに即した金融サービスを開発し導入したり、別途提供している非金融サービスの競争力や利便性を高めたりすることができるからである。経済活動を行う上での情報資源の位置づけは、そうした情報の多くがデジタル化されることで収集や分析の効率性が顕著に高まる中で、一段と高まっている。

だからと言って、デジタル通貨の発行に伴う個人や取引に関する情報の収集や蓄積を、全て民間業者に自由に委ねることにも弊害がある。なぜなら、前節でみたように、支払や決済のための通貨の発行には「ネットワーク外部性」が存在するため、競争の結果として少数の業者による寡占ないし単一の業者による独占を招きやすく、したがって、こうした情報をごく一部の業者が占有することになる可能性が高いからである。これは、少なくともイノベーションの促進にとって、望ましいこととは言えない[8]。

このような点を踏まえると、中央銀行がデジタル通貨の提供を通じて収集し、蓄積した情報を民間業者に対して、家計や企業との間での適切な合意に基づいて一定の範囲で還元することは、重要であるだけでなく、合理性も有している。これは既に主要国の民間金融機関が行っているＡＰＩのいわば中央銀行版とも呼べる機能であり、個人や取引に関する情報の適切な活用を促すことで、金融サービスのイノベーションを進める方向性に即している。

4　本書の想定するデジタル通貨

最後に、本書でこれから議論する中央銀行デジタル通貨のイメージを明らかにしておきたい。本書では、家計や企業が経済活動を通じて行う支払や決済に使用できるデジタル通貨――この領域の文献では「一般目的型」と呼ばれるもの――を念頭に議論する一方、民間金融機関同士あるいは民間金融機関と中央銀行との支払や決済に使用するデジタル通貨――同様に文献で「大口型」と呼ばれるもの――には、必要に応じて言及することにする。

この点に関しては、民間金融機関同士あるいは民間金融機関と中央銀行との支払や決済は既に完全にデータのやり取りを通じて行われているので、「大口型」のデジタル通貨を議論する意味が乏しいからではないかとの印象を受けるかもしれない。

しかし、「大口型」にもスマートコントラクトを活用した証券決済との効率的な一体化や、クロスボーダー取引における他国のデジタル通貨との相互接続性といった重要な論点が存在する。実際に、日本銀行を含む主要国の中央銀行は「大口型」の実証実験を先行的に行って、実用化に向けた様々な成果を得ている。

その上で本書が「一般目的型」に焦点を当てて議論するのは、その導入の背景や導入に伴う課題と影響が、家計や企業による経済活動を含めてマクロ的な意味合いを持つだけでなく、銀行預金の機能やそれを用いた金融仲介のあり方と商業銀行のビジネスモデル、さらには金融システムの安定や金融政策の波及といった経済政策のあり方まで含めて、極めて大きな変化をもたらしうるからである。

「一般目的型」の導入には事前に様々な課題を解決しなければならないので、複雑で発達した金融システムを有する日本のような主要国にとっては、実際の導入までに相応の時間を要する。だからこそ、調査や研究、実証実験のような取り組みには、積極的に前倒しで取り組んでゆくことが重要である。本書での議論がそうした取り組みの出発点として役立つようであれば、本書の目的を果たしたことになる。

■注■

1 一般社団法人キャッシュレス推進協議会（2019）を参照。ただし、こうした指摘は家計や企業による支払や決済のみを対象としており、民間金融機関同士の資金決済を含めると日本の「キャッシュレス化」は、他の主要国に比べて低くないとの指摘もある。例えば、金融庁（2018）を参照。

2 もっとも、ブロックチェーンのような「発掘」の仕組みを利用する場合には、暗号計算のために消費する電力エネルギーまで考慮すると、集中的な決済システムを用いる現状に比べて、必ずしも効率的とは言えないとの主張もみられる。例えば、Bank for International Settlements (2018) を参照。

3 代表例であるUSDcoin のスキームは、提供者であるcoinbase社のウエブサイトを参照（https://www.coinbase.com/usdc)。

4 また、個人や取引に関する認証の観点でも、現在の金融システムの下で支払や決済の手段を提供している民間銀行に比べて規制や監督の面で衡平を欠くことで、マネーロンダリングやテロ資金の実質的な抜け道となる恐れもある。

5 いわゆる「〇〇ペイ」と称される支払や決済の手段である。なお、これらの新規参入者の多くが、「本業」を通じて大量の顧客情報を既に蓄積している点は、支払や決済の手段を提供する上での情報資源の重要性を示唆している。

6 「ネットワーク外部性」に関する説明は、例えば、柳川・山岡（2019）を参照。

7 例えば、欧州中央銀行（ECB）とユーロ圏各国の中央銀行は、2019年4月をもって500ユーロ紙幣の発行を停止した。

8 後でみるように、公的当局からみれば、少数の民間業者が個人や取引に関する情報を大量に蓄積する事態は、セキュリティや個人情報保護の観点でも望ましくないと考えられるかもしれない。

9 例えば、日本銀行とECBが共同で行った「大口型」の中央銀行デジタル通貨に関する実験（Stella）の成果は、日本銀行（2017）、同（2018）、同（2019）を参照。他にもシンガポール金融庁とカナダ銀行も同様な共同実験（Ubin）を行っている。

目次

第1章 リブラの衝撃と金融当局の対応

２０１９年の世界の金融ビジネスにとって最大のニュースが、フェイスブックによる「リブラ構想」の公表[1]であったことに異論は少ないだろう。本章ではその内容について、金融当局の対応にも注目しながら整理した上で、結果として浮かび上がった現在の金融システムの課題についてみていく。

１ リブラ批判の焦点とその問題

ナカモト・サトシ氏が２００８年に予言的な論文[2]を通じて公表した、集権的な決済システムに依存しないデジタル通貨の構想が、２０１４年にビットコインとして実現した際には、情報技術や暗号技術といったフィンテックの専門家だけでなく、金融サービスに関わる幅広い関係者も含めて、デジタル通貨の時代の幕開けを感じた向きが多かったであろう。

その後、取引単位や決済方法の点で数多くのバリエーションを生んだ「暗号通貨」は、少なくとも一時は、金融市場のプロだけでなく若年層を中心とする個人投資家にとって新たな投資対象となった。しかも興味深いことに、日本の個人投資家による取引は、中国や韓国とともに世界の中でも突出して多かったとみられる。[3] 加えて、日本国内でも、家電量販店のような大手小売店や飲食店などの「リアルな店舗」も含めて、財やサービスの購入における支払手段として受け入れる動きも見られた。

しかし、そのような形で導入された一連の「暗号通貨」は、その後に露呈した価値の極端な不安定性や、取引業者に対する不正アクセスとそれに伴う顧客資産の喪失などによって、支払手段としての信認や展望を低下させたわけである。

もちろん、その後に主要国の金融当局が、「暗号通貨」を「暗号資産」と再定義した上で、規制や監督の枠組みを整備した結果、現在でも投資家の間では投資手段の一つとして活用されている。実際、国際金融市場の主要なベンダーも主なデジタル通貨と米ドルやユーロ、日本円といった主要通貨との間の「為替相場」を常時提供している。[4] しかし、価値の不安定性に対するリスクマネジメントの難しさもあって、当初の熱狂的な歓迎に比べると、プロの投資家の間でも関心が低下したことは否定しえない。

こうした逆風の下で、2019年に新たなデジタル通貨として「リブラ構想」が公表されたことは、そのこと自体が興味深い事実であるが、フィンテック企業や民間金融機関の関係者に止まらず、主要国の金融当局や国際機関からも異例なほど迅速で強い反応を巻き起こした点は

図表1-1　「リブラ構想」のイメージ

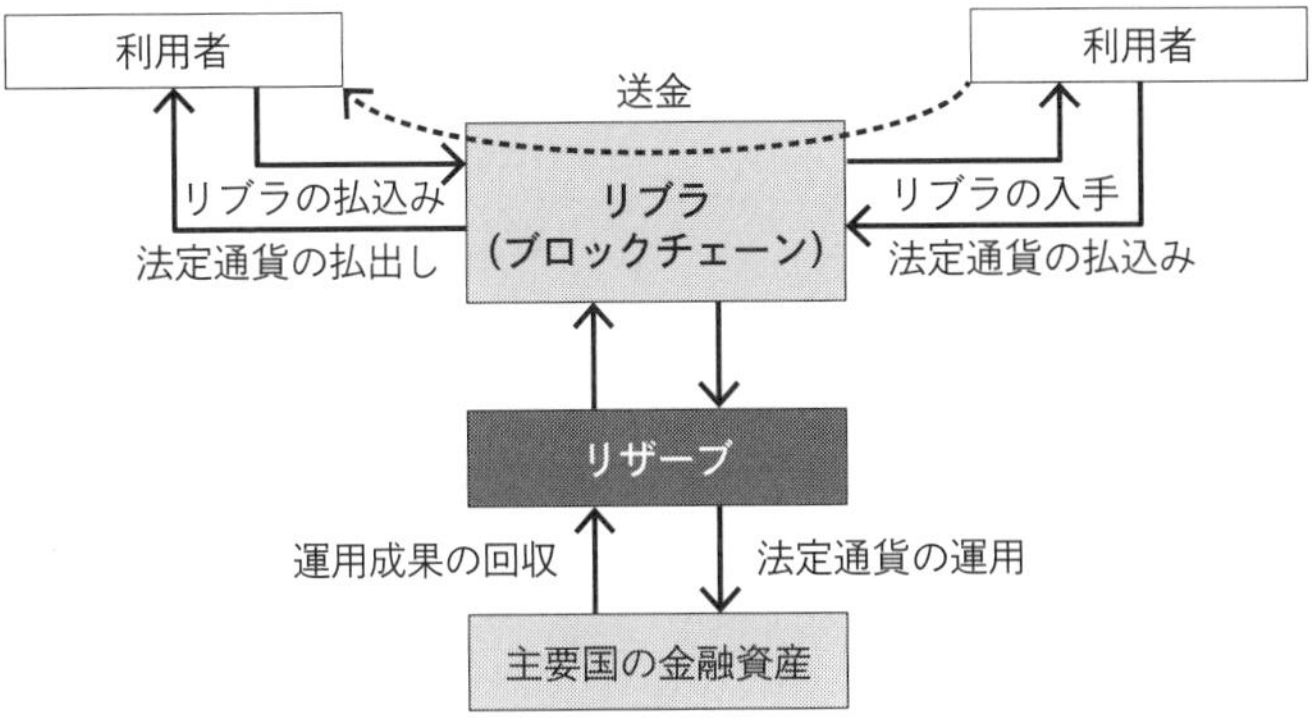

資料：リブラの公表資料に基づき、著者作成

非常に印象的であった。しかも、公的セクターによる反応の大半は明確にネガティブであった。

その理由を、欧州中央銀行（ＥＣＢ）のクーレ理事（当時）が事務局長として取りまとめた先進７カ国（Ｇ７）財務相・中央銀行総裁会議によるワーキンググループの報告書（２０１９年10月）[5]の内容に即して整理すると次のようになる。

第一に、「リブラ構想」が実現を目指した二つの目標、つまり、①銀行に口座を開設できないことなどによって金融サービスを享受しえない人々――いわゆる「unbanked」――の救済と、②クロスボーダーでの送金や支払の効率化の双方を実現しようとした場合、本人確認義務（ＫＹＣ）の徹底やマネーロンダリングの防止（ＡＭＬ）という、ともに世界の金融当局が協力して進めてきた取り組みに対して抜け道を作るリスクがある点である。

前者に関しては、日本国内でも我々が体験している通り、金融当局は民間金融機関に対して預金口座の開設の際に厳格な本人確認を求めることで、犯罪やテロに関わる主体を銀行取引から排除することを目指している。後者についても、顧客が行う送金については、特に多額あるいはクロスボーダーの場合には、民間金融機関に対して、厳格な本人確認に加えて、最終的な資金使途や取引の相手方の確認を求めている。

リブラが民間銀行を通じた送金ができない人々に対しても、効率的なクロスボーダーの支払や決済のサービスを提供しようとすれば、金融当局が民間金融機関に要求しているこれらの厳格な手続きが不適切な形で簡素化される結果、犯罪者やテロリストに悪用されるリスクが高まると懸念することは自然である。

第二に、「リブラ構想」を実質的に主導するフェイスブックが、リブラの運営に伴って収集する取引情報や個人情報を、本人の同意を得ないなどの不適切な形で様々なサービスのために活用する可能性がある点である。

ここで誤解のないように強調しておくが、支払や決済のサービスを提供する主体がその遂行を通じて収集し蓄積した個人情報や取引情報を、ユーザーの適切な同意の下でビジネスに活用することは、単に適切であるだけでなく、効率性と利便性の点でむしろ望ましいことである。

例えば、民間銀行が貸出を行うために審査を行う際には、口座情報も判断材料の一つとして活用しているが、それは単に経済合理性を有するだけでなく、銀行と取引先との間で事前に合意している当座勘定規定[6]に即したものとして、金融当局による規制や監督の上で問題にされることはない。

また、金融サービスを提供する業者が保有するこうした情報を適切に活用して業務を展開する場合も、業者とユーザーが事前に消費者保護に沿った形で合意した方法や範囲に止まる限りは法制上の問題は生じない。それによって業者は、個々のユーザーの嗜好や需要に即したサービスを提案できるようになるだけに、業者のビジネスを効率化するとともに、ユーザーの利便性を高めることに寄与する。

その上で、「リブラ構想」の場合に個人情報や取引情報の扱いに対して強い懸念が示されているのは、フェイスブックが過去にユーザーに無断でこうした情報を活用したり、第三者に対して個人の特定を可能とする形で転売したりした経緯があるためであろう。フェイスブックは既に関係国の政府などから罰金などを科されているが、ザッカーバーグ氏を含む経営層によるガバナンスの不備を含めて、再発のリスクを懸念する見方は根強い。

第三に、「リブラ構想」の運営主体である「カリブラ」の本拠がスイス（ジュネーブ）に置かれる方向であるために、主要国の金融当局には適切な監督を遂行する上で必要な情報が入手しえないとか、監督上で必要な措置をタイムリーに実施できないリスクがある点である。

もちろん、スイスで金融監督に関わる金融当局（ＦＩＮＲＡ）も中央銀行（スイス国民銀行）も、こうした懸念を十分に意識し、「リブラ構想」への規制や監督は主要国や国際機関と連携して対応することを再三表明している[7]。それでも、主要国の金融当局には、スイスが国際金融においてステータスを維持してきた理由の一つである秘密保持が何らかの支障になる恐れや、税法などの面でのスイスと他国との調整の難しさといった問題が念頭にあるとみられる。

こうした懸念を背景に、主要国の金融当局は「リブラ構想」に対して現時点で最高水準の金融規制や監督に服するよう要求するとともに、それが確認できるまでは各国で業務を開始することを認めない点で一致しており、そうした方針は２０１９年10月のＧ７財務相・中央銀行総裁会議の声明[8]にも明記されている。

主要国の金融当局によるこうした厳しい姿勢の背後には、支払や決済に関するサービスに参入するのであれば、民間銀行と同様な規制や監督に服するべき（いわゆる「イコール・フッティング」）という考え方がある点にも注目する必要があろう。

つまり、例外を認めることは、金融当局が課している規制や監督の抜け道を作る恐れがあるだけでなく、民間銀行にとって不公平な競争環境を作り出す恐れもある。実際、「リブラ構想」の震源地である米国でも、ＪＰモルガンのダイモンＣＥＯに代表されるように、民間銀行は総じて「リブラ構想」に批判的である[9]。加えて、リテールの支払や決済に関わるサービスをグローバルに展開しているマスターカードやＶＩＳＡ、Paypal なども、当初は「カリブラ」にメンバーとして加盟していたが、２０１９年の秋に一斉に脱退したことも、こうした考え方と無縁ではないだろう。

いずれにせよ、主要国の金融当局や民間金融機関が「リブラ構想」に対して示した懸念や批判には合理性があり、少なくとも当面の間は業務開始を事実上拒絶されたことに対して、正面から反論することは難しい。実際、「リブラ構想」を実質的に主導するフェイスブックも、米議会の議会証言[10]などを通じて、こうした方針に服する姿勢を示しており、「リブラ構想」の実現が当初の予定であった２０２０年前半に実現することは不可能となっている。

もっとも、「リブラ構想」をその枠組みや運営主体に関する問題点だけに着目して議論すると、「リブラ構想」が——意図したかどうかにかかわらず——結果的に提起した現在の金融システムの本質的な課題を見落とすことになってしまう。

実際、ゴールドマン・サックスのようにこれまでリテール業務とは無縁であった投資銀行が、ＩＴの巨人であるアップルと組んでクレジットカードビジネスに参入したり、欧州でもドイツ銀行のような国際金融機関が国内でのリテール金融に注力したりしていることは、既存の民間金融機関からみても、リテール関連の金融サービスには少なからぬポテンシャルが残っていることの証左である。

しかも、「リブラ構想」を既存の民間金融機関と新規参入者との対決と図式化して捉えることも適切ではない。本書を通じてみていくように、経済活動全般のデジタル化が進行する下では、個人情報や取引情報の適切な活用を軸として、民間金融機関と非金融の消費者サービスとの垣根が低下して行くことは不可避なトレンドであり、デジタル通貨の導入はそうした動きを一層加速する方向に作用するからである。

2 リブラが提起した現在の金融システムの課題

「リブラ構想」が結果的に提起した現在の金融システムの課題を理解することは、デジタル通貨のあり方を考える上で基礎的な知見となりうる。そうした課題は、具体的には次の二点として整理できる。

(1) 金融サービスの効率性

第一の課題は金融サービスの効率性である。

先進国ではリテール向けの金融サービスは顕著に効率化している。家計が経済生活を送る上で必要となる金融取引の多く――保有する預金口座の残高を確認し、給与や年金を銀行預金を通じて受取り、その送金や振替を指示し、必要に応じて様々な消費者ローンの借入れや返済を行い、それらに伴う本人確認や個人情報の変更を行うこと――は、既に民間金融機関が提供するホームページやスマートフォンのアプリによって実行し完結させることができる。

しかし、ユーザーの視点に立った場合、それらのサービスを使用するための費用は、経済全体のデジタル化によって消費者サービスの価格が低下していくトレンドの下で、決して小さいとは言えない。

なかでも、上記のように「リブラ構想」が焦点として挙げたクロスボーダーの送金や支払の費用は、特に少額の利用者にとって禁止的な高水準になっている。例えば、日本の大手金融機関を通じて海外送金を行う際の手数料は今や定額で７５００円である。[11] これは、外国人労働者が本国に給料を仕送りするといった典型的なニーズによる平均的な送金額とみられる10万円前後に照らして極めて大きい。

もちろん、日本に限らず主要国の金融機関決算を参照する限り、金融機関がこうした金融サービスに関する独占的な地位を利用して暴利を貪っているとも言えない。つまり、低金利環境が長期化して、預金と貸出の利鞘のようなコアの収益が低迷する中で、民間金融機関にとっては、リテール向けの金融サービスがそれ自体で収益を確保するように手数料収入を確保するとか、手数料水準を高めに設定することで収益性の低い取引を実質的に抑制するといった必要性が高まっているのであろう。

さらに、民間金融機関の立場からみた場合、リテール向けの金融サービスのために様々なデジタルチャネルを導入し提供するためのシステムやアプリの構築や運用に際して、それ自体のコストが増加しているだけでなく、金融当局からのセキュリティや頑健性、消費者保護といった面での要求度合いが高まり続けていることも重要かもしれない。そうした要求は、マネーロンダリングやテロ資金の防止の上で必要かつ意味のあるものではあるが、結果としてリテール向けの金融サービスに伴う費用の増加に繋がっている面は否定できない。

いずれのような背景であれ、ユーザーが経済活動に必要な金融サービスを享受するためのコストが上昇すれば、その分だけマクロの消費者余剰を減殺し、主要国が揃って目指している経済全体のデジタル化を通じた経済厚生の拡大を損なうことになる。

また、主要国では、銀行口座を文字通り持たないという意味での「unbanked」ではなくとも、所得格差や移民経済の拡大の下で、民間金融機関が低収益な領域の金融サービスから事実上撤退することで、金融サービスを実質的に享受しえない層の発生や拡大に繋がる恐れもある。

しかし、民間金融機関には収益面で難しい領域の金融サービスを新規参入者に委ねてしまうと、「リブラ構想」に対する懸念が示唆したように、効率的ではあるが非正規な金融サービスが拡大することで、本人確認や取引確認といった最低限のチェックが行われなくなる結果、マネーロンダリングやテロ資金に歯止めがかからなくなる。

さらに、支払や決済の手段に対する信認の不安定化を通じて、金融システムに対する新たなストレスの源泉となることも懸念される。

(2) 消費者サービスとの連携

筆者は過去5年にわたって、我が国の地域経済の活性化における地域金融の役割について、有識者による研究会[12]の開催や、地方銀行の経営層との意見交換を通じて議論してきた。

そうした議論の中で地方銀行の関係者から指摘された課題の一つは、インターネットバンキングのためのホームページやスマートフォン向けのアプリを導入しても、ユーザーによる閲覧頻度や使用頻度が期待ほど伸びないというものであった。

当初はこうしたデジタルチャネルの上で実行し完結しうる取引や手続きが限定されていたことも理由の一つとみられたが、こうした仮説は、デジタルチャネルがカバーする取引や手続きの拡大に伴って説得力が低下している。

もちろん、地域経済で相対的にウエイトの高い高齢者にとっては、デジタルチャネルのハードルが高いことは事実であり、その点もユーザーによる関心や利用が伸びないことと無関係ではないであろう。しかし、より難しい問題は、ホームページのパスワードを取得したり、アプリをダウンロードしたりしたようなリテラシーを有するユーザーの間でも、利用度が限られている点である。

かつては、地方銀行のホームページやアプリにはユーザーインターフェイスの点での課題も散見されたが、最近は大手金融機関と比べた使い勝手の違いもかなり縮小しているように見える。しかも、金融当局がデジタルチャネルに対して要求するセキュリティや頑健性、ユーザーに対する説明義務などの内容は、金融機関の規模によらず同一と考えられる。

そこで、ユーザーの視点からこうしたデジタルチャネルの利用を考えると、全く別な側面が浮かび上がる。

つまり、実際には、ユーザーがホームページやアプリを開いたとしても、直接の目的である取引や手続きを完了してしまえば、それ以上にそのチャネルに滞留し続けるインセンティブは残念ながら乏しい。

民間金融機関にとっては、それだけでも店舗を通じた取引や手続きのニーズを減少させ、これに関わる経営資源を効率化しうる。あるいは、顧客による取引のニーズをデジタルデータによって収集できるので、それを分析することで金融サービスの効率化を実現しうる。

一方で、デジタルチャネルを利用したユーザーをホームページやアプリの上で資産運用や住宅ローンといった他の取引に誘導することは必ずしも容易ではないようだ。これらは条件面での個別性も強く、長期にわたる金額の大きな取引であるだけに、消費者保護を含むコンプライアンスの観点も含め、ユーザーと民間金融機関ともに何らかの形で対面相談の機会を望んでいるからであろう。[13]

もちろん民間金融機関にとっては、デジタルチャネルも、ユーザーに資産運用や住宅ローンといった複雑な取引に関心を持たせる媒体としては、顧客情報や口座情報の効率的な活用が可能という点も含めて有用性は存在する。それでも、デジタルチャネルを用意するだけで、文字通りの「ワンストップ・バンキング」が一気に機能すると期待することは必ずしも説得的とは言えない。

むしろリテールのユーザーからみれば、デジタルチャネルが得意とする相対的に単純な金融

図表1-2　スマートフォン・アプリのイメージ

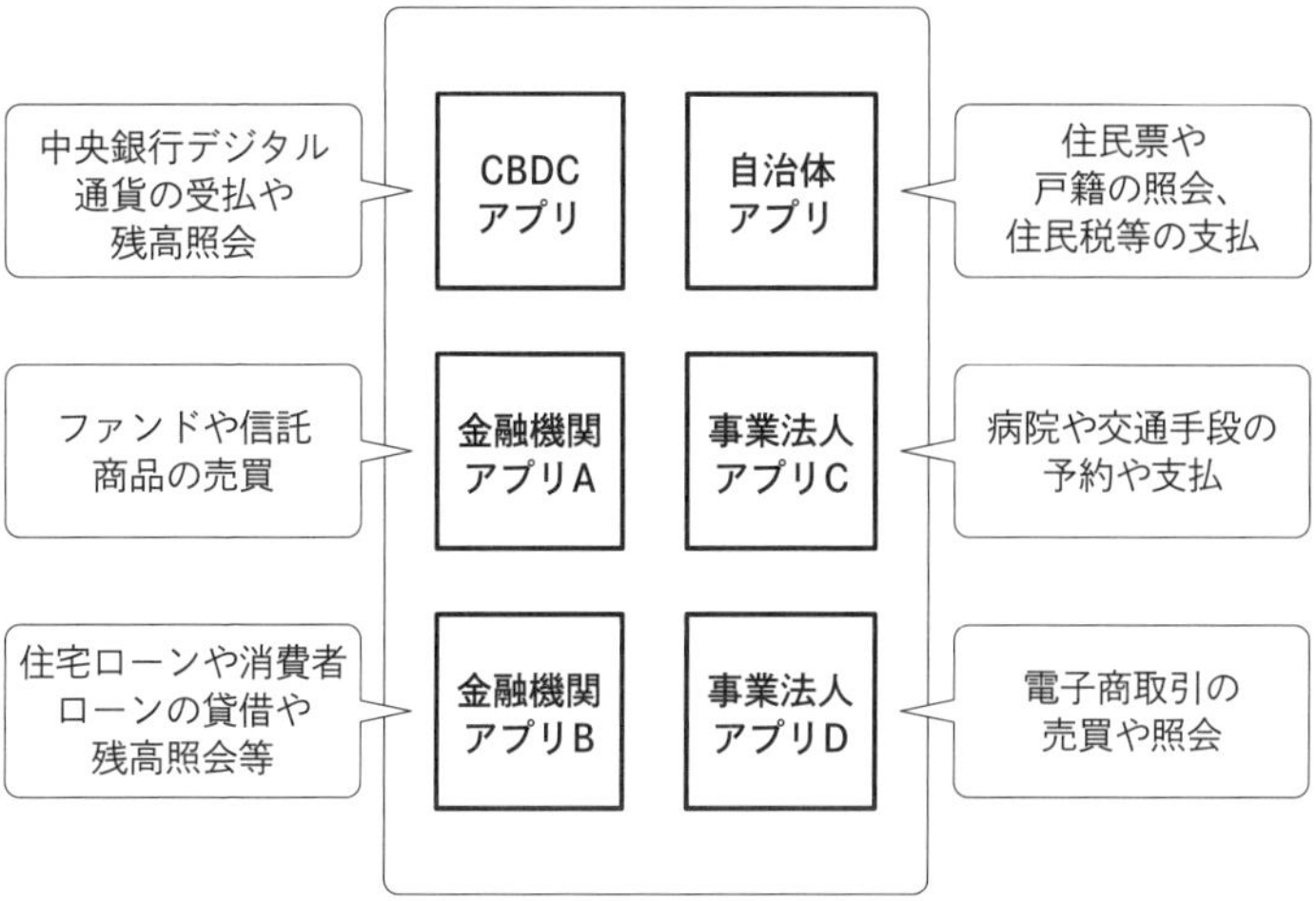

資料：筆者作成

サービスである送金や振替、少額借入れなどは、財やサービスに関する電子商取引――例えば、通販サイトからの財の購入や音楽や動画の配信サービスの利用、飲食や宿泊、交通機関の利用などのサービスの予約、オークションや中古品売買への参加――などとの間で親和性が大きいはずである。

つまり、こうした広範な消費者サービスを扱うホームページやアプリの中に、リテール向けの金融サービスが一つのメニューとして組み込まれれば、ユーザーの利便性が大きく高まることに繋がる。既に欧州の一部ではこうした取組みは実用化されている[14]し、日本国内でも、電子商取引のサイトに財やサービスの購入のための少額借入れのサイトへのリンクを埋め込むといった形で、限界的だが実質的な一体化を図るケースもみられる。

それでも、リンクを通じた方法の場合には、電子商取引と民間金融機関の各々のサイトでの本人確認などの認証手続きが必要であったり、双方に要する時間にラグが生じたりするといった問題は残る。また、借入れを伴わない形での支払を望むユーザーや、与信審査の観点などで借入れが困難なユーザーにとっては、そのサイトのみで有効なポイントの利用などに対応の余地は限られている。

これらの課題を克服する上ではデジタル通貨の活用が有効である。

つまり、デジタル通貨が適切に流通するようになれば、支払や決済がデジタルチャネルによって完結することになるので、民間金融機関も家計や企業もコストの低下を享受しうる。さらに、財やサービスに関する情報と、支払や決済に関する情報がともにデジタルデータと同じプラットフォームでシームレスに扱いうるようになる結果、ユーザーは「ワンストップ」の形で金融と非金融に関わりなく幅広い消費者サービスを実行し完結できるようになる。もちろん、これと併せて、「金融と商業」を隔てる規則にも見直しが期待される。

しかも、主要国の間でデジタル通貨の仕様やそれを用いた決済の枠組みに適切な標準化が実現すれば、「リブラ構想」が目指したようにクロスボーダーの支払や決済のコストも大きく低下する。この結果、クロスボーダーでの経済活動が活性化すれば、マクロ的な家計や企業の厚生を高めることも当然である。

図表1-3　ビットコインとイーサリアムの価格の推移

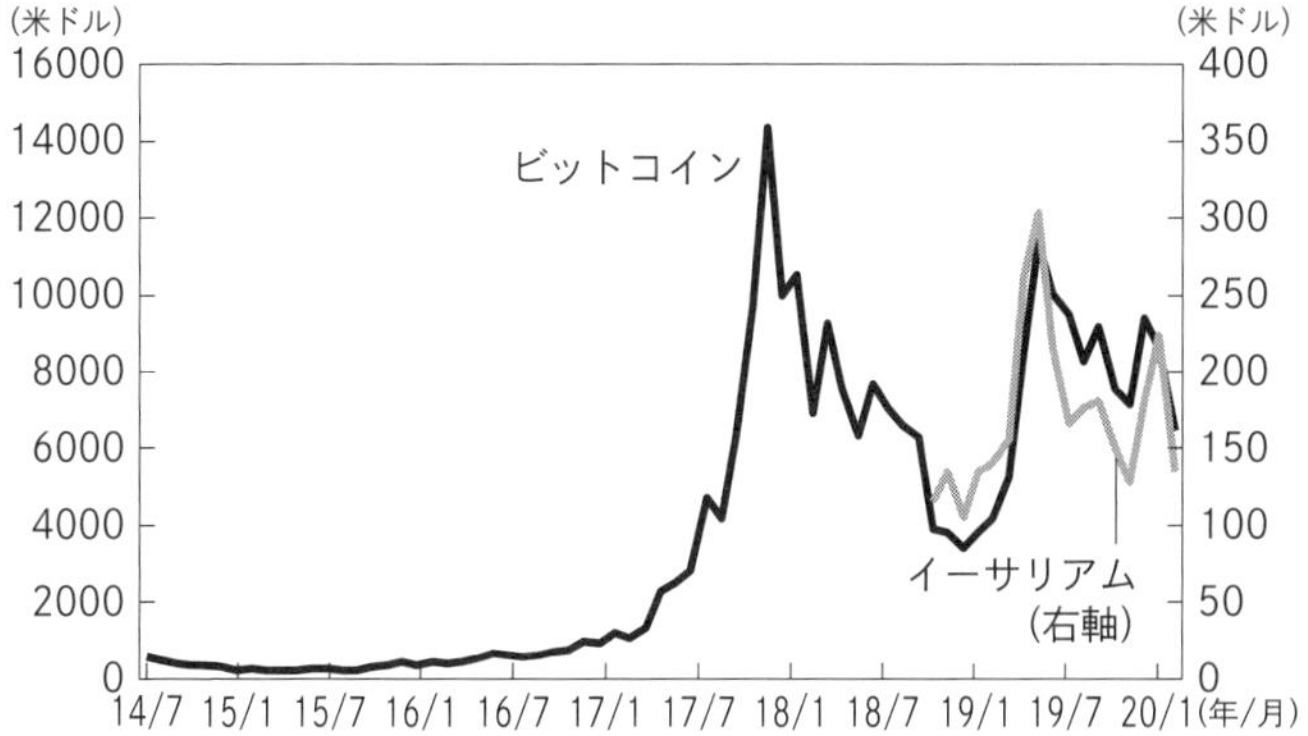

資料：Thomson Reuters

そうした利点が明らかであるにもかかわらず、これまでに導入された「暗号通貨」が期待された役割を果たせなかった理由の一つは、その価値が極めて不安定であったことにある。

通貨の価値をどのように測るかは、マクロ的にもミクロ的にも実は深遠な問題であるが、現在の金融システムの下では、法定通貨との相対価値で考えることが有用である。既にみたように、主なデジタル通貨に関しては、国際的なベンダーが主要国通貨との変換レートを提示している。

これまでの実績をみる限り、ビットコインやイーサリアムといった代表的な「暗号通貨」であっても、主要国通貨との変換レートは極めて高いボラティリティを示してきた。つまりこれらの場合は、ブロックチェーンの技術に基づく「発掘」[16]によって、供給制約が意図的かつ常態的に生じている下で、投機的な買い需要によって強力な価格上昇圧力が生じやすい。

一方で、認証を巡る「分岐」の問題や主要国による規制の変更、取引機関における不正行為やセキュリティ上の問題の発生、それらに伴う顧客資産の喪失等を契機に、投機的な売り需要によって強力な価格下落圧力が生ずる局面もあった。これらの組み合わせが高いボラティリティを招いたわけである。

このため、これらの「暗号通貨」は、通貨に求められる機能のうちで支払や決済の手段や価値保蔵の手段としての役割を果たすことは困難となり、結果として価値変動に伴う収益を狙った投機がむしろ主たる使用目的になったわけであり、この点は日本を含む主要国の金融当局が「暗号通貨」を「暗号資産」へと定義づけを変化させたことと整合的である。

こうした問題に対する「暗号資産」側からの対応として2017年頃から導入が始まったのが、主要国の通貨に価値を紐づけることによって価値の安定を図る仕組みを備えた取り組みであり、価値の相対的な安定さを踏まえて、「ステーブルコイン」[18]と呼ばれる。

その代表であるUSD Coinは文字通りに米ドルとの一対一での交換を標榜している。この結果、USD Coinの価値は、枠組みが意図通りに機能する限り、米ドルとの相対価値が安定するほか、ユーロや日本円などの主要通貨に対する価値も主要な為替レートの変動幅に収まる。こうして、従来の「暗号資産」に比べて価値の変動は顕著に縮小する。そのための基本的な枠組みは単純であり、ユーザーは1米ドルと交換に1USD Coinを入手する。

しかし、これまでのところ、こうした「ステーブルコイン」も広範に使用されているわけではない。

その大きな理由は通用力に制約がある点であろう。通貨の使用価値は地域や使途の面での通用力に大きく依存し、通用力が高まるほど価値が高まる点で「ネットワーク外部性」[19]を有する。USD Coin を含めて現存する「ステーブルコイン」が、もっぱら「暗号資産」に関する専門的な文脈でしか注目されない事実は、支払や決済に使用される上で不可欠なシステムの整備が不十分であり、「ネットワーク外部性」を発揮しうるような通用力に達していないことを示唆している。

また、ユーザーから受け入れた資金の運用や管理にも課題がある。「ステーブルコイン」を民間事業として運営する場合、ユーザーが払い込む主要国通貨の運用益が重要な収益源となる。同時に、発行した「暗号資産」の価値を安定させたり、ユーザーが法定通貨による償還請求を行った場合に適切に対応したりするためには、こうした資金は安全で流動性の高い形で運用される必要がある。

このように相反する要求を満たす資金運用はそもそも容易ではないし、現在のような低金利環境ではなおさらにそうである。この点は、世界金融危機の際にＭＭＦの運用が招いた問題——低金利で収益を追求するあまり運用対象として信用リスクや流動性リスクに問題のある資産が含まれていた結果、投資家の償還請求に対して額面割れを生じた——を想起すれば理解しうる。つまり、現在のような低金利環境で、「ステーブルコイン」の運営に必要な収益を捻出しようとすれば、資金を高リスク資産に運用せざるを得ないが、それは価値の安定という「ステーブルコイン」の本質を損なうリスクがある。

「ステーブルコイン」の一種である「リブラ構想」も基本的にはこの問題を逃れることはできない。ユーザーから受け入れた資金である「リザーブ」の運用対象を、安全資産に限定しつつも複数の主要国に分散させると言っても、それらの主要国が悉く低金利環境の下にあるからである。

もっとも、「リブラ構想」の場合は、「カリブラ」のメンバーであるフェイスブックなどの消費者サービスを行う企業が、自ら運営する事業との間で個人情報や取引情報を連携し、支払や決済だけでなく幅広い消費者サービスを高度化することによって、実質的な収益源を多様化することで利益を確保しうる余地はある。

しかも、13億人とされるフェイスブックのユーザーの一部でも「リブラ」を使用すれば、「ネットワーク外部性」が発揮されるのに必要最小限の水準――いわゆる「クリティカルマス」――をクリアーすることで使途が拡大し、「ネットワーク外部性」の発揮を通じて通用力と価値が相乗効果で上昇することも考えられる。[20]

このような点からみると、「リブラ構想」は「ステーブルコイン」の長所を生かしつつも、その短所をカバーするための工夫も相応に備えていることがわかる。その意味でも、先にみた

G7の報告書が示唆するように、「リブラ構想」は現在の金融システムに対する「暗号資産」からの初めての本格的な挑戦というべき内容を備え、同時に現在の金融システムが抱える問題を浮き彫りにすることになったわけである。

■注■

1 Libra Association（2019）を参照。
2 Satoshi Nakamoto（2008）を参照。
3 少なくとも2017〜18年頃には、日本の投資家による「暗号資産」の保有率が1割を超え、他の主要国に比べて高いとの調査結果がある。例えば、Dalia Research（2018）を参照。
4 Thomson Reuters のような主要プラットフォーム上でも、主要通貨と「暗号資産」との交換比率が常時表示されている。例えば、米ドルとビットコインとの交換比率はBTC／USDと略称される。
5 G7 Working Group on Global Stablecoin（2019）を参照。
6 各金融機関は、全国銀行協会連合会が作成したひな型に即して、当座勘定規定を作成し運用している。
7 例えば、スイス国民銀行のジョルダン総裁による講演〈Jordan（2019）〉を参照。
8 G7 Finance Ministers and Central Bank Governors（2019）を参照。
9 例えば、連邦議会下院金融サービス委員会の公聴会（2019年4月）におけるダイモンCEOの発言を参照。
10 連邦議会下院金融サービス委員会の公聴会（2019年10月）におけるザッカーバーグCEOの発言を参照。
11 大手金融機関による送金手数料の引上げの動きは、例えば、日本経済新聞（2020）を参照。
12 このうち、研究会での議論の成果は、野村総合研究所（2017）として公表されている。
13 デジタルバンキングが相対的に進んでいる欧州や中国であっても、資産運用に関しては、デジタルチャネルのみで取引を完結することは難しいとみられる。

14 欧州の大手銀行の中にはスマートフォンのアプリの上で、レストランや駐車場、交通機関の予約などが一括して行えるサービスを提供する動きがある。

15 現在の金融システムで使用されている支払や決済の手段には銀行預金が含まれる。その価値は通常は銀行券や中央銀行当座預金といった中央銀行が発行する通貨と同じであるが、金融システムにストレスが生じた場合には乖離しうる。この点を踏まえて、ここではそうした通貨との関係に着目している。なお、ベンダーが提示するＢＴＣ／ＵＳＤのようなレートは、ＵＳＤ側の決済手段として銀行預金を想定している点に注意する必要がある。

16 ブロックチェーンの下での「発掘」や「分岐」については、例えば、Bank for International Settlements (2017) を参照。

17 日本では、「資金決済に関する法律」の改正（２０１９年４月）などに伴って、「暗号資産」の定義が導入された。

18 ステーブルコインの定義は、上記の G7 Working Group on Global Stablecoin (2019) を参照。

19 通貨の持つ「ネットワーク外部性」についての議論は、例えば、柳川・山岡（２０１９）を参照。

20 この点は「リブラ構想」に関する公表資料である Libra Association (2019) にも示されている。

第2章　主要国の中央銀行によるデジタル通貨の取り組み――中国

主要国の中央銀行の間では、自らが発行や運営に関与する形でのデジタル通貨に対する取組みが着実に進行している。本章では、まず中国のケースを取り上げて、その状況や意味合いをみていくことにする。

1　デジタル人民元を巡る議論

少なくとも2019年初の時点で本書を執筆したとしたら、中央銀行によるデジタル通貨の発行に最も近い国として、最初にスウェーデンのケース[1]を議論したことであろう。しかし、2019年中に形勢は変化し、今や中国を最初に議論することが必要になった。

中国の中央銀行である中国人民銀行の易綱総裁の記者会見（2019年9月）[2]によれば、既に2014年にはデジタル通貨の発行に関する研究を開始したとみられ、第3章で取り上げる欧州主要国の中央銀行による同種の取り組みに比べても若干先行していたようにみえる。こうした研究は2016年頃まで継続されたあと、2017年には深圳に設立した「デジタル通貨研究所」に拠点を移して継続されてきた。

2016年以降に対外的な動きが目立たなくなった理由は必ずしも明確ではないが、デジタル通貨の基幹技術として想定していた分散型決済の技術的な制約[3]によって、大量のリテール決済を迅速かつ安全に処理することが困難であるとの問題に直面したことが関係している可能性がある。あるいは、貿易金融に関するプラットフォームを設立するなど、いわゆる「大口型」の開発に注力していたのかもしれない。

このように対外的には必ずしも明らかでなかったにもかかわらず、「一般目的型」のデジタル通貨の基本的な枠組みに関する研究はその後も継続していたとみられる。実際、筆者が中国のシンクタンクである「中国金融40人論壇」と共催で毎年実施している「日中金融円卓会合」の2016年の会合では、中国側講師の一人であった高善文氏が既にこうした議論[4]を行っていた。

その後、中国人民銀行によるデジタル通貨の研究は2019年に入って再び加速した[5]だけでなく、先にみた易総裁の会見を含めて当局関係者による対外発信も活発になっている。この間に、調査研究のモメンタムを低下させたとみられる上の要因に関しても、後で見るようにある程度の回答が用意されたわけである。

このため中国国内では、中国人民銀行が既に技術面では開発に目途をつけたとの見方を背景に、地域（深圳など）または使途（特定の財やサービスの販売など）を限定した形での実験的な導入が２０２０年の早い時期に実現するとの見方が示されていた。残念ながら、その後の新型肺炎の流行によって、中国人民銀行も経済対策を優先すべき状況にあるが、この問題が終息に向かえば試験的導入に対する環境は再び整う[6]ことになる。

上記の「日中金融円卓会合」での議論や２０１６年当時の中国国内の文献[7]を踏まえると、中国が中央銀行によるデジタル通貨の発行を研究し始めた背景は以下のように整理できる。

第一にデジタル弱者の救済の必要性である。

中国国内ではスマートフォンの急速で顕著な波及というインフラの上に、ＩＴを活用した消費者サービスが大きく発展している。これに伴って、電子商取引やオンラインゲームを本業としていた巨大ＩＴ企業が金融サービスにも進出し、小口の支払、送金や少額借入れ、さらには小口の資産運用や損害保険といった分野にまで大きく勢力を拡大している。

第１章でみた「リブラ構想」と同様に、これらの業者は既存のビジネスを通じて獲得した巨大な顧客層を活用することで、通貨の通用力に不可欠な利用者数――いわゆる「クリティカル・マス」――を容易に乗り越え、「ネットワーク外部性」を発揮しうる地位を得ている。実際、筆者が北京で勤務する同僚に聞いても、日常生活で必要な支払や決済のほとんどはスマートフォンとＱＲコードを用いて行うことが可能であり、現金の出番は滅多にないようだ。

いったんそうした状況が出現すると、ＩＴ企業に限らず広範な消費者サービスを提供する企

図表2-1　中国の銀行券残高の対GDP比率

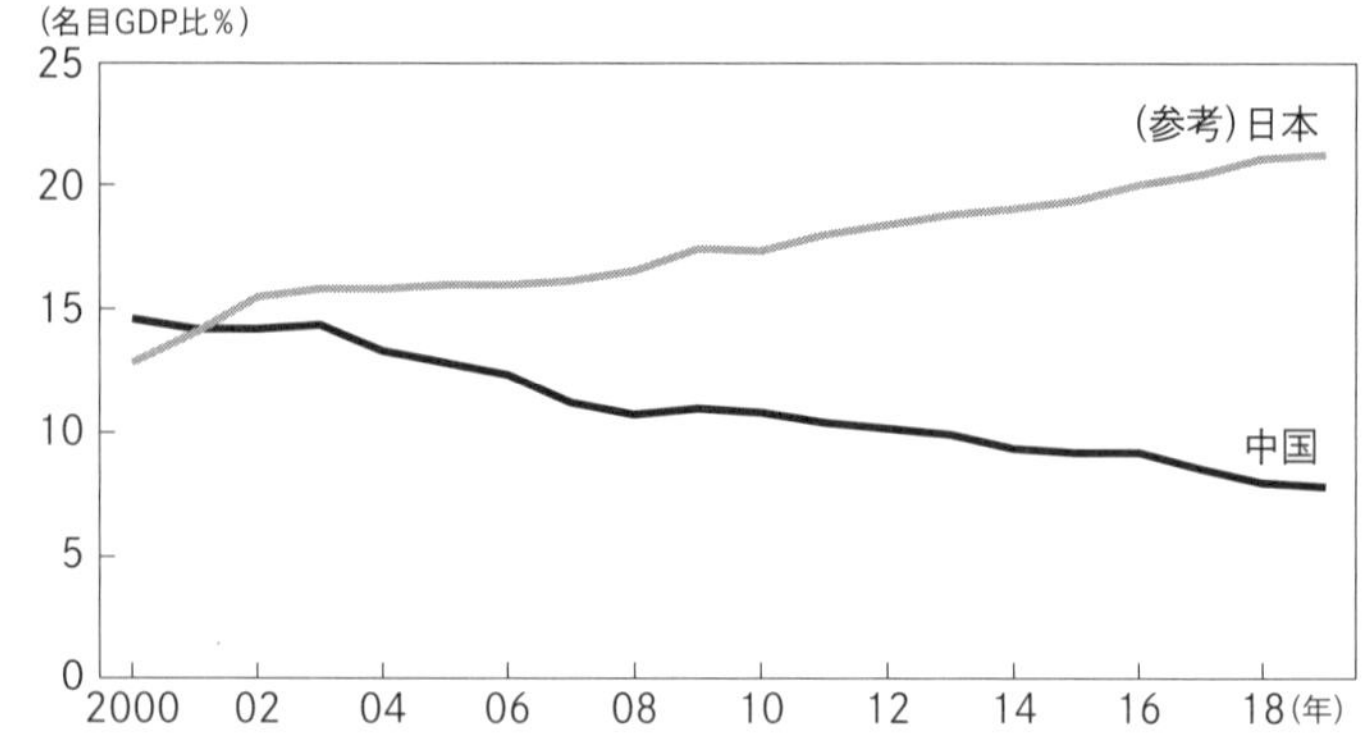

資料：中国人民銀行、日本銀行、内閣府

業も含めて提供する財やサービスの支払や決済を、こうした新たな手段に限定することが合理的になる。加えて、銀行券の偽造が多いとか物理的な状態が良好でないといった事情のために、消費者サービスの提供者にとって銀行券の使用や管理に関わるコストは大きかった[8]ことも、支払や決済のデジタルな手段への限定を後押ししたとみられる。

もっとも、中国でも所得格差などを背景に、こうしたトレンドに対応しえない人々は存在するようだ。そうした人々が日々の経済生活のために銀行券を使おうとしても支払や決済の手段として受け入れてくれないというのでは、社会的にも問題となりうる。これを中央銀行の立場からみれば、経済活動の円滑な運営のための支払や決済のサービスの提供という基本的役割を果たせないことを意味する。

筆者が主催していた「金融市場パネル」の2019年春のコンファレンスでパネリストが報告

[9]したように、中国人民銀行はこうした問題に対処するため、生活物資を扱う小売店に対して銀行券の受入れを継続するよう指導を行ったようであり、その結果、小売店の一部では現金支払専用のレジが新設されるという皮肉な現象も生じたようだ。

しかし、消費者サービスを提供する業者が銀行券の受入れを放棄したことには経済合理性があるだけに、中国人民銀行が行政権限を有すると言っても、経済のデジタル化に逆行するような対症療法には限界がある。そこで、経済のデジタル化に伴って支払や決済に困難をきたす人々が生ずる状況——いわばデジタル版の「金融排除」[10]——への対応策として、スマートフォンやＱＲコードの使用を必ずしも必要としないデジタル通貨を、安全で効率的に発行することには一定の意義が存在する。

第二に個人情報や取引情報の収集や蓄積に関する主導権回復の必要性である。

中国では、「アリババ」や「テンセント」に代表される巨大ＩＴ企業が、上にみたように小口の金融サービスでもドミナントな地位を占めている。これに伴って、億単位のユーザーに関する個人情報やそれらが行う取引に関する情報も収集・蓄積しており、これらを分析して活用することが、金融サービスを含む幅広い消費者サービスの提供にとって大きなアドバンテージになっているとみられる。

「リブラ構想」に関する議論でも触れたように、巨大ＩＴ企業がそうしたビジネスモデルを追求することには経済合理性が存在するほか、少なくとも日本に比べれば、中国のユーザーの間ではむしろ情報を積極的に提供することで、金融サービスに関する利便性の向上——例えば消費者ローン金利の引下げ——を享受しようという姿勢も窺われる。[11]

こうした特徴は、後の章で議論するように、中央銀行デジタル通貨の具体的な設計において重要な要素となるだけに、それ自体が興味深い事実ではある。しかし、その理由を適切に分析しうる材料もないので、本書ではとりあえず事実として受け止める。[12]

これを中国政府からみると、民間のIT企業が個人の経済生活に関する情報を蓄積し、分析することは、巨大IT企業が国民のかなりの部分を顧客として取引しているだけに、なおさら、必ずしも心地良いことではないようだ。その理由に関しては、中国固有の政治体制との関係を措くとしても、「リブラ構想」に対する主要国の当局による批判と同様に、マネーロンダリングやテロ資金、脱税の防止の観点から、金融取引を行う個人やその取引の内容に関する情報を収集し分析しうる立場を維持する必要性を指摘できる。

この点に関しては、中国の場合には、政府が民間企業から必要な情報を収集することは、法的な情報提供義務[13]の発動を含めて、実質的に容易であるはずとの指摘がありうる。しかし、そうした要請は米中摩擦における知的所有権や産業政策に関する今後の議論次第では一定の制約を受ける可能性もあるし、公安上の要請によって、そうした情報を常時更新していく必要があるのであれば、最初から自ら情報を収集し蓄積する方が効率的と考えることもできる。

中国人民銀行が2000年代初頭から個人や企業に関する巨大な信用データベースの構築を

進めてきたことも興味深い。先にみた「金融市場パネル」の席上における中国側講師の説明[14]によれば、銀行の与信行動を適切に監督する[15]とともに、個人や中小企業に対する「金融排除」を防止する上で活用させることを想定しているとのことであった。

少なくとも現時点で、この信用データベースの規模は巨大ＩＴ企業が収集した情報量に比べて小さいと推察されるが、日本銀行や米連邦準備理事会（ＦＲＢ）が保有する同種の信用データベースに比べて大きな規模を有しているとみられるほか、将来のいずれかの時点で民間企業から提供させる情報の受け皿となりうる面もあろう。

これらを踏まえると、中国人民銀行がデジタル通貨を発行し、それに伴って個人や取引に関する情報を直接に収集することの意味合いが浮かび上がる。つまり、既に自ら構築した信用データベースと相互に補完的な役割を発揮させることで、効率的な情報の収集や蓄積が可能になるわけである。

それでは、中国で中央銀行によるデジタル通貨の発行に向けた議論が、２０１９年になって再び加速したことの背景はどう理解すればよいだろうか。先にみた中国人民銀行の易綱総裁による寄稿（２０１９年10月）などによれば、皮肉なことに理由の一つは「リブラ構想」にあったようだ。

前章でみたように「リブラ構想」は様々な課題を抱えており、少なくとも当面は実際に導入される可能性は小さい一方、現在の金融システムが抱える課題を浮き彫りにした面もある。中国でも、デジタル弱者の救済を含めて「金融排除」の抑制が長年にわたる政策課題であり、しかも、内需主導の経済構造への転換や高齢化に対する潜在成長力の維持といった要請の下で、幅広い個人や企業が金融サービスを安全で効率的に享受できるようにすることの重要性はますます高まっている。中央銀行が発行するデジタル通貨はこうした課題の解決に寄与することが期待される。

「リブラ構想」の影響という点では、金融サービスに関するデジタルイノベーションの防衛という意味合いも大きいようだ。長い目で見れば、しかもフェイスブック以外のGAFAも含めて考えれば、米国の巨大IT企業による民間ベースのデジタル通貨が米国内のみならずグローバルに活用の場を広げ、中国に進出する可能性も小さくないからである。

なぜなら、これらのプレーヤーも既存の消費者サービスを通じてグローバルに獲得した巨大な顧客数によって、通貨の通用力に不可欠な「クリティカル・マス」を容易にクリアーしうるし、消費者向けの非金融サービスとの連携にも長けているからだ。実際、これらは中国の巨大IT企業が展開してきたビジネスモデルそのものであるだけに、中国政府はそうした脅威を容易に想像し得る立場にある。

クロスボーダーの金融取引に対して様々な規制を残している中国政府は、GAFAのような海外のプレーヤーがデジタル通貨を中国で展開しようとしても、法制面から禁止ないし排除することが容易であるはずとの見方もあろう。しかし、中国の国際収支に根強く残る「誤差脱漏」[16]の大きさや海外送金などにおける「非正規金融」の使用などを考えると、こうした対応の有効性には限界もありうる。また、自国でドル建てのデジタル通貨が相応に流通するようでは、長期的にみた人民元の国際化にとって大きな支障となりうる。

そこで、米国の巨大ＩＴ企業によるデジタル通貨が中国市場を席巻する事態を防ぐために、中国政府は自国の技術によるデジタル通貨を迅速に普及させることで、新規参入のハードルを技術面でも「ネットワーク外部性」の面でも実質的に押し上げておくことに合理性がある。中国人民銀行によるデジタル通貨の発行は、国内技術の効率的な活用や標準化による利用の促進といった点で有効な手段である。

なお、中国国内では、中央銀行デジタル通貨の発行に向けた議論が再加速した背景として、中国政府によるブロックチェーン技術の推進の強化を指摘されることもある。

実際、習近平主席は、中国経済の競争力を強化する上で、ブロックチェーン技術の開発と応用の面で最先端の水準を維持することの重要性を強調してその実践を求めている。[17]筆者が「日中金融円卓会合」の共催先である「中国金融40人論壇（ＣＦ40）」の招待で参加したブンズ・サミット（２０１９年10月）でも、中国政府の関係者による講演にはこの点を強調するものがみられた。[18]

本章の後半でみるように、中国人民銀行が最初に導入するであろうデジタル通貨は、主として銀行券の代替を企図しており、家計や企業に幅広く活用されることを目指す「一般目的型」

である。そのため、処理速度に対する要請は厳しく、現時点のブロックチェーン技術をそのまま使用することは難しい。その意味では、中国政府によるブロックチェーン技術の開発や利用の促進も、中国人民銀行によるデジタル通貨の導入と直接に関係を有しているわけではない。

ただし、第5章でみるように、民間金融機関同士や中央銀行と民間金融機関との支払や決済に使用される「大口型」においては、主要国が模索しているようにブロックチェーン技術の応用に可能性が残るだけでなく、取引に伴う証券の移転や担保設定に分散型のシステムを使用できるようになる点でむしろメリットが存在する。「一般目的型」も最終的には「大口型」との相互接続や連携を求められるようになる点で、少なくとも間接的には、ブロックチェーン技術の推進は中央銀行デジタル通貨と関係を有する。

さらに、中国政府によるブロックチェーン技術の推進の背後にある競争力の強化という視点は、中国内で早期に中央銀行デジタル通貨を普及させることで、米国を含む海外発のデジタル通貨による中国進出を阻止しようという考え方と共通している。なぜなら、海外発のデジタル通貨が中国内で広範に使用されると、それをインフラとして活用する海外発の金融サービスも一緒に普及する可能性が高いからである。

こうした議論をもう一歩発展させると、中国政府は自国のデジタル通貨を世界標準にしようとしているのではないかという推論に繋がる。上記の「ブンズ・サミット」では、欧米からの参加者の間でこうした可能性を指摘する向きが多かった。[19]

図表2-2　中国の国際金融が抱える「トリレンマ」

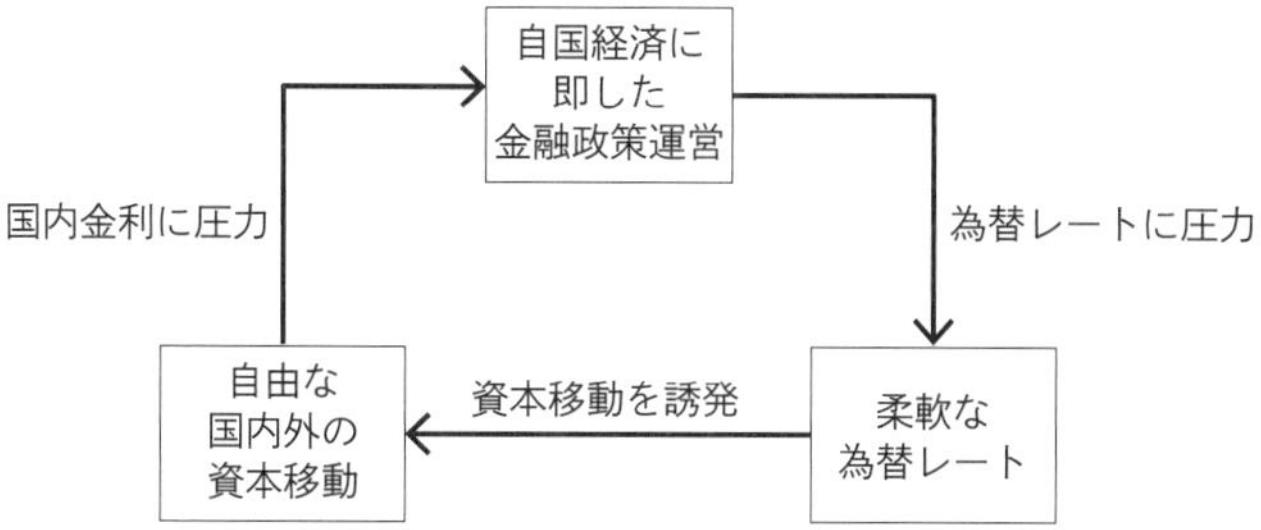

資料：著者作成

この点を適切に検討する上では、①人民元の国際化と、②デジタル通貨に関する技術やそれをインフラとする金融サービスの国際化、との二つに分けることが重要である。

このうち①に関して留意すべきことは、人民元の国際化のための環境がまだ整っていない点である。

中国政府がクロスボーダーの金融取引、特に資本取引に規制を残していることには多くの合理性がある。つまり、国際金融に関する「トリレンマ」――自由な内外資本移動、金融政策の他国からの独立性、柔軟な為替相場の三つを同時に実現することはできないこと――の原則の下で、中国政府にとっては、最初の条件つまり自由な内外資本移動を放棄することが、金融市場の金利メカニズムが不十分な下でも金融政策の効果を維持することや、金融システムに過剰債務の問題が残る下でも資本流出を防ぐことに照らして、大きな意味を持つからである。

しかも、実際問題としてこれらの課題を克服するためには時間を要する。前者に関しては金融機関による金利や業務の段階的な自由化、後者に関しては預金者や金融機関に対するセーフティネットの用意と漸進的な不良債務の処理という、いずれも粘り強い対応が求められるからである。このように、中国政府にはクロスボーダーの金融取引の自由化を加速させるモティベーションは乏しく、したがって、非居住者にとっての利便性に限界のある人民元が国際通貨となることは少なくとも当面は展望できない。

もちろん、中国政府が推進する「一帯一路」に沿って、中国と隣接する国々との財やサービスの支払や決済において、デジタル化された人民元の利便性[20]が評価され、その使用が徐々に浸透する可能性はあるし、そうした基盤が構築されれば、将来に上記のような課題が克服され、中国政府がクロスボーダーの金融取引を抜本的に規制緩和した際に、中国人民銀行のデジタル通貨が人民元の国際化を一気に進めることは考えられる。

一方、②については現時点でもある程度の蓋然性を有している。

そもそも中国政府がブロックチェーン技術を推進する国家戦略の背景には、自国発の技術によって世界標準を確立することによって国際競争で優位に立つ狙いがあるとみられる。また、米中摩擦の焦点が知的所有権や産業政策にあり、したがって米国からの技術導入が難しくなっているだけに、そうした考え方は合理的である。

その上で、ブロックチェーン技術の応用という側面だけでなく、より広くデジタル通貨に関する情報技術を考えた場合、米国と全く同じように、国内の突出した市場規模を活かすことによって固定費の顕著な引下げや運営ノウハウの十分な蓄積が可能である。

中国政府がこれを武器に海外に採用を働きかけた場合、少なくとも新興国にとって、低廉なコストでの経済のデジタル化を可能にする上で魅力的な選択肢となる。また、できれば自国の情報技術を育成し活用したいと考える主要国でも、携帯電話における5G技術や高速鉄道の例から明らかなように、中国発の技術を活用するインセンティブは存在する。

それらの国々は自国通貨を使い続けるので、これは人民元自体の国際化とは全く異なる。しかし、中国による中央銀行デジタル通貨の技術の国際化であり、ひいてはこれをインフラとして活用する中国発の金融サービスにとっても大きな競争力を提供する。それだけでも、主要国にとっては大きなインパクトを持ちうる事態と言える。[21]

2　中国人民銀行によるデジタル通貨の枠組み

それでは、中国人民銀行が導入を目指すデジタル通貨の枠組みをみていきたい。

中国国内ではこれまでに官民双方から様々な枠組みが提案されてきたが、本書を執筆する2020年初の時点で最新かつ最も包括的な説明は、中国人民銀行で本件プロジェクトの副主任を務める穆長春氏による論文（中国金融40人論壇のウエブサイトに掲載）に示されている。[22]本節では、その内容に沿って枠組みの特徴を検討する。

図表2-3　「デジタル人民元」のイメージ

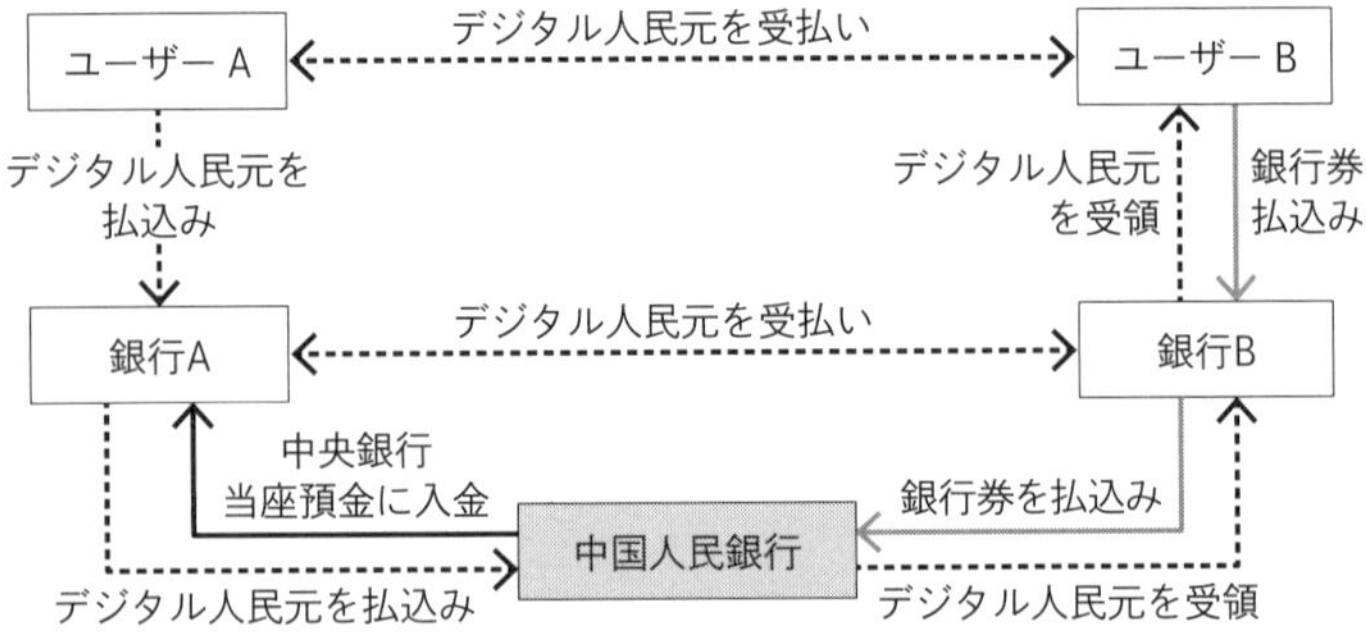

資料：穆（2019）をもとに著者作成

(1) 中央銀行は民間銀行に対してデジタル通貨を発行する

同論文によれば、中国人民銀行は、民間銀行に対して「法定通貨」と交換にデジタル通貨を発行する。その上で、民間銀行は、家計や企業に対して「法定通貨」と交換にデジタル通貨を発行する。

この「法定通貨」という用語には注意を要する。第6章で詳しく議論するが、一般に「法定通貨」という場合、通用力に関する法的な裏付けを有する通貨を意味する。例えば、日本銀行券は日本銀行法などに基づく「法定通貨」[23]であり、中国人民銀行券も同様に中国人民銀行法に基づく「法定通貨」である。従って、中国人民銀行によるデジタル通貨も、少なくとも銀行券と交換に発行されることは事実であろう。

しかし、これだけでは新たに発行される中央銀行デジタル通貨の意義が限定されるだけでなく、現在の金融システムからの円滑な移行も難しくなる。なぜなら、民間銀行が中央銀行から銀行券を入手する場合には、中央銀行当座預金を引き落とすことによるのが一般的だからである。

その意味で、中国人民銀行が「法定通貨」と交換にデジタル通貨を発行するという場合の「法定通貨」には、銀行券だけでなく中央銀行当座預金が含まれると理解すべきであろう。

実際、穆長春氏の論文では、中央銀行デジタル通貨の過剰発行を防ぐ観点から、中国人民銀行は民間銀行に対して中央銀行当座預金の形で100％準備を保有するよう求めるとの記述がみられる。この点は、中国に限らず主要国の中央銀行が、民間銀行に対して、中央銀行当座預金と銀行券とを1対1の価値で交換しており、その意味で中央銀行当座預金も少なくとも経済的には「法定通貨」の役割を果たしていることと整合的である。

これに対して、民間銀行が「法定通貨」と交換に家計や企業に中央銀行デジタル通貨を発行する、という場合の「法定通貨」が何を指すかには不透明な面も残る。もちろん、家計や企業が民間銀行に銀行券を払い込んで、これと交換にデジタル通貨を入手しうることは確かだろう。しかし、現在の家計や企業が銀行券を入手する上でのより一般的な方法、つまり民間銀行の預金を引き落として銀行券を入手するのと同じことが、新たな中央銀行デジタル通貨でも可能になるだろうか。

この論文に基づく限り答えはどうやら「ノー」のようだ。なぜなら、穆長春氏の論文が再三にわたって強調しているのは、新たな中央銀行デジタル通貨は「M0」の代替を主眼としており、「M1（流動性預金）」や「M2（定期性預金）」には影響しないという点だからである。[24]

「Ｍ０」とは、支払や決済に使用される中央銀行の負債を指し、具体的には中央銀行当座預金と銀行券が該当する。中央銀行デジタル通貨を導入しても、支払や決済に使用される民間銀行の負債である「Ｍ１」や「Ｍ２」に影響しないようにするには、家計や企業が民間銀行の預金と交換に中央銀行デジタル通貨を入手することは排除される必要がある。

ただし、家計や企業には既に保有している銀行券との交換だけでなく、他にも中央銀行デジタル通貨を入手する手段がありうる。例えば、政府が公共事業費や年金を中央銀行デジタル通貨によって支払うようにすれば、民間銀行を経由する形ではあっても、家計や企業は中央銀行デジタル通貨を入手できる。

この点は、デジタル通貨を保有するための手段の設計にも深く関わっている。

中国人民銀行が民間銀行に対して中央銀行デジタル通貨を発行する際には、中央銀行当座預金と中央銀行デジタル通貨口座との交換によって行われることが推察される一方、穆長春氏の論文によれば、中央銀行デジタル通貨と民間銀行の預金とは「疎関係」になると指摘し、家計や企業がウォレットのような分散型の手段を使用することも示唆している。しかも、このような設計は、民間銀行預金との「密関係」を有する電子取引が有する課題[25]——銀行による口座管理の負担と「金融包摂」の制約——を軽減しうると主張している。こうした点を踏まえると、家計や企業が自ら保有するウォレットに直接に中央銀行デジタル通貨を受入れ、それらを活用する可能性が意識されていることになる。

(2) 二層構造は現在の金融システムに親和性が高い

穆長春氏による論文は、中国人民銀行がデジタル通貨を導入しつつも、民間銀行による預金受入れや与信をそのまま維持する「二層構造」を採用する理由として、中央銀行デジタル通貨によって全ての支払や決済を代替する「一層構造」と対比しながら、次の四点を挙げている。

第一に中国経済の複雑さに対する対応のしやすさである。国内の様々な地域によって経済の発展状況やデジタル技術に対する許容度が異なる中では、既存の民間金融機関がそれぞれ最適な金融サービスを提供する方法を維持した方が良いという考え方である。因みに、こうした考え方は、中国人民銀行によるデジタル通貨の研究が最初にピークを迎えた2016年当時から散見され[26]、早くからコンセンサスであったことが推察される。

第二に民間の投資やイノベーションを活用しやすい点である。民間金融機関による支払や決済を含む金融サービスに関する技術は顕著な進化を続けており、民間には人的資源も豊富であるだけに、それらを活用せずに新たなインフラを構築することは、経済資源の浪費を招くという判断である。

さらに、中国人民銀行が導入するデジタル通貨を将来に向けて発展させ続ける上でも、民間業者同士の競争や、中国人民銀行と民間業者との密接な協力が重要であると強調している。なかでも注目されるのは、同論文が中央銀行デジタル通貨の共同開発や共同運営の可能性にも言及している点である。

第三に決済リスクの過度な集中を回避しうる点である。中国人民銀行は既に決済システムを構築し、提供しているが、それらは民間金融機関同士、あるいは中国人民銀行と民間金融機関との支払や決済のためのものである。

同論文は、仮に「一層構造」の中央銀行デジタル通貨を導入しようとすれば、億単位の数に達する個人や企業による支払や決済を支えるシステムの構築が必要になるだけでなく、そうした巨大なシステムを効率的で安全に運営することは難しいと主張している。中央銀行だけがそうしたリスクを抱え込むより、民間金融機関と適切なリスク分担を図ることが望ましいという考え方であり、この点は第二の理由と密接な関係を有している。

第四に金融仲介への過度な介入を回避しうる点である。「一層構造」の場合は、第4章でみるスイスの「ソブリン・マネー」を巡る議論[27]で焦点になったように、民間銀行の預金が支払や決済の手段としての役割を失う一方、中央銀行が、デジタル通貨の創出を通じて、家計や企業に対して直接に貸出を行う可能性が生ずる。そうなれば、穆長春氏の論文が皮肉にも示唆するように、中国人民銀行は、かつての計画経済国で多く見られたように、中央銀行と商業銀行の双方の役割を果たしていた1984年以前の状態に逆戻りしかねない。

そこまで極端でなくても、家計や企業が民間銀行の預金と交換に中央銀行デジタル通貨を入手しうるようになれば、局面によっては民間銀行の預金が大きく減少し、民間銀行は家計や企業に対する貸出の原資を短期金融市場や資本市場に依存せざるを得なくなることも考えられる。この結果、マクロ的にみた金融仲介のコストが上昇するだけでなく、民間金融機関の流動性リスクや金利リスクが高まる恐れがある。ひいては、第8章で詳しくみるように、金融システムのストレスが高まった場合の「デジタル預金取付け」が急激なものとなることも考えられる。[28]

(3) デジタル通貨に対する中央集権的な管理は維持される

穆長春氏の論文は、その一方で中国人民銀行が発行するデジタル通貨が、中央集権的な管理の下に置かれるべきことを強調している。その理由として、主として二点を意識している。

第一に金融政策を従来と同様に運営できるようにすべき点である。これは、中国に限らず主要国の中央銀行がデジタル通貨を導入する上で共通して意識している観点である。

中国の場合は、中央銀行の負債である「M0」だけを代替し、「M1」や「M2」のような銀行の負債をそのままに維持するのであれば、金融仲介を通じた政策効果の波及経路に影響を与えないという意味で達成可能である。加えて、中央銀行デジタル通貨の発行を「法定通貨」との交換に限定することで、過剰発行は例外的なケースでしか生じえないという意味でも、その達成は相対的に容易である。[29]

第二に金融監督を有効に実施できるようにすべき点である。このうち、民間銀行が家計や企業に対して適切な与信を行うことを確保するための監督については、中央銀行デジタル通貨が導入された後も、民間銀行が与信判断とそれに伴うリスク管理を行い、それを金融当局が監督する現在のアプローチをそのまま維持しうる。

一方、金融システムにストレスが生じた場合の「デジタル預金取付け」のリスクは、先にみたように完全には排除できない。この点は同論文も認めており、異なる種類のウォレットを導入した上で各々異なる残高ないしフローの限度額を設定することや、デジタル通貨を入手する際の手数料の変更といった対応策を提言している。ただし、第7章で議論するように、この問題には別なアプローチによる対応もありうる。

また、マネーロンダリングやテロ資金、脱税の防止のためには、中国人民銀行は導入したデジタル通貨の使用について適切な監視を行う必要がある。その意味で、同論文が提唱するように、銀行券が有する匿名性という特徴をデジタル通貨に継承し、いわば「コントロールされた匿名性」の形で残存させることは、実務的には容易ではないようにも見える。

(4) デジタル通貨の柔軟性も維持される

最後に穆長春氏の論文が強調している点は、デジタル通貨には将来に備えた柔軟性を確保すべき点である。

最も重要なのは基幹技術の柔軟性であろう。同論文によれば、中国人民銀行も当初は「一層構造」を念頭にブロックチェーンの使用を想定しながら研究を進めていたが、リテール決済に必要となる迅速な処理速度を達成することの課題に直面したようだ。この点は本章の冒頭で見た通りである。

このことも、中国人民銀行が「一層構造」でなく「二層構造」を選択した理由の一つとされている。つまり「二層構造」の下で中央銀行自身が直接に関わる支払や決済は、民間金融機関が家計や企業の支払や決済を行った結果として残った、他の民間金融機関とのネットの決済尻の処理が大半を占めるようになるという意味で、件数とそれに求められる速度の面でハードルが顕著に低下するからである。

その上で同論文は、「二層構造」の下の層、つまり民間金融機関が引続き担う支払や決済に関しては多様な選択肢を残すことができるよう、上の層の設計や運営を柔軟に行うことの重要性を強調している。なぜなら、情報技術に関するイノベーションが急速に進行しているからというだけでなく、家計や企業の支払や決済を効率的で安全に処理するための技術的要件が厳しいからでもある。同論文はその目安として、現在のピークをはるかに超える30万件／秒といった高いハードルを示している。

最後にスマートコントラクトに関する柔軟性も重要なポイントである。同論文が確認しているように、スマートコントラクトを組み込むことができる点はデジタル通貨の優れた特性の一つであり、中国人民銀行が発行するデジタル通貨についても将来的な活用の展望を示唆している。

一方で、中央銀行デジタル通貨を「M0」の代替として発行し、「法定通貨」として強制通用力を付与しようとすれば、スマートコントラクトの機能と相いれないケースも生じうる。さらに、同論文は、多様なスマートコントラクトを組み込んでしまうと、デジタル通貨は――経済学でいう contingent liability[30] の意味で――有価証券に近い性格を有するようになり、通貨としての意味合いが薄れることも指摘している。

こうした点を踏まえて、同論文はスマートコントラクトを組み込むとしても、通貨の機能に即したものに限定すべきとの考え方を示しており、少なくとも先行的に導入される中央銀行デジタル通貨ではこのような扱いとなる可能性が高い。

BOX 中国人民銀行によるデジタル通貨の実証実験

中国人民銀行は、2020年4月中旬から国内5か所（深圳、雄安、成都、蘇州、北京〈冬季オリンピック会場〉）で順次デジタル通貨の実証実験を開始した。本書の原稿の完成後であったので、現地での報道内容等をもとにBOXの形でその内容や意味合いを検討したい。

このうち雄安では、4大銀行（中国工商銀行、中国農業銀行、中国銀行、中国建設銀行）の支店が参加し、ファストフードチェーン、無人スーパー等が参加企業における支払に使用しうる状況になっているようだ。また、（雄安で使用されているか判然としないが）インターネットに掲載されている中国農業銀行によるとみられるスマートフォン・アプリの画面によれば、ユーザーはウォレットに保有するデジタル通貨を使って、店舗での支払（QRコードやNFCが使用できる模様）や他のウォレット保有者に対する送金、残高の照会などができるようだ。

一方で、ユーザーが最初にデジタル通貨を入手する手段としては、蘇州のように公的企業からの支払（従業員手当の一部）だけでなく、上記のアプリの画面によればウォレット上で紐づけた銀行預金の引き落としも可能となっているようだ。この点は、本文でみたように中国人民銀行がかねて強調してきた点、つまり当初はデジタル通貨を銀行券の代替を目的に導入するという説明と整合的でない。実証実験を効率的に進めるために例外的に認めている可能性もあるが、現時点ではその理由は明らかでない。

実証実験と並行して注目されるのは、2月下旬以降にアリペイがデジタル通貨に関する技術面の特許を相次いで公開した点である。その中には、ブロックチェーン技術を使用せずに取引実行命令の分析を通じてデジタル通貨の流通を追跡しうるものや、ユーザーの特性に応じて複数の異なるサービス内容を提供するウォレットを運営しうるもの、デジタル通貨にも銀行券と同様な「額面」を設定しうるものなど、興味深い内容が含まれる。これらも、本文でみたような中国人民銀行による民間企業との共同開発の下で、実証実験において様々な試行がなされることになろう。

なお、中国人民銀行によるデジタル通貨の背景や現状を取りまとめた楊（2020）によれば、これまでに公表された論文には、ユーザーの個人認証は認証センターで行う一方、デジタル通貨の発行から償還までの取引記録は登録センターで行うとの考えがみられるようだ。中国の場合はともに中国人民銀行内に置かれることが想定されているが、このように個人や取引の認証と取引データの管理を分けて考えることは、各々の機能を別の主体が担う可能性も含めて、本文で議論したマネーロンダリングや脱税の防止と取引データの民間業者による利活用との両立に向けて有用なヒントと可能性を示唆している。

■注■

1 スウェーデンのケースは第3章を参照。

2 易（2019）を参照。

3 穆（2019）によれば、中国で最も多くの電子取引が行われる「独身の日（11月11日）」について2018年のケースをみると、リテールの決済を集約して処理するシステムである「網聯」のピークの処理件数は92771件／秒であり、これはビットコインやイーサリアムのようにDLTを用いた場合の最大処理件数（各々7件／秒と20件／秒）をはるかに上回るほか、リブラが目標とする1000件／秒よりも100倍大きい。

4 野村総合研究所（2016）を参照。

5 穆（2019）は、中国人民銀行の担当部署が「9・9・6」の体制（9時出社、9時退社、週6日勤務）で開発を急いでいると表現している。

6 むしろ、銀行券の対面でのやり取りも感染症の伝播経路となりうる点を踏まえて、銀行券の使用から早く脱却すべきとの考え方もありうる。

7 主な文献は巻末の文献リストを参照。

8 少なくとも中国の大都市では、100元（約1500円）紙幣でも、タクシーや小売店等で受け取りに難色を示されるケースが少なくない。

9 野村総合研究所（2019）を参照。第3セッションのパネリストである加藤出氏が報告した。

10 「金融排除」は、経済活動に必要な金融サービスが幅広い家計や企業にとって利用可能である状態を指す「金融包摂」の反対語として、もともとは開発金融の文脈で使用された。

11 その代表例はアリババが提供する「芝麻信用」である。もちろん、中国国内でも都市部と農村部や若年層と高齢層などによって、情報提供に関するスタンスの違いは存在しうる。

12 中国には、欧州連合のGDPR（General Data Protection Regulation）に相当する規制は存在しない。

13 「国家情報法」（2017年6月施行）に基づく。

14 野村総合研究所（2016）を参照。第1セッションの高善文の議論による。

15 銀行監督の一環として行われる与信内容の査定において、貸出先の信用状況を判定するために利用するものである。

16 国際収支統計における「誤差脱漏」の存在自体は中国に固有の問題ではない。しかし、中国の場合には経常収支に対する相対的な規模が大きいほか、近年は流出方向に偏るという特徴を有する。

17 例えば、周主席の中国共産党・中央政治局学習会（2019年10月）での講演を参照。

18 例えば、黄奇帆（中国国際経済交流中心・副理事長）による講演を参照。

19 例えば、Timothy Massad（Harvard Kennedy School: Senior Fellow）はこうした主張を展開した。

20 DLTの特性を生かして貿易関連の付属文書や保険などと一体化して流通できれば、取引の効率性を向上させ得る。また、インドシナ半島や中央アジアの国々には、自国通貨に関する信認の欠如を背景に、いわゆる

「ドル化」現象として、自国内で人民元が流通するようになることも考えられる。

21 この意味では、フェイスブックのザッカーバーグＣＥＯによる、米連邦議会下院金融サービスの公聴会での「我々が発行しなければ、中国が発行する」という発言には真実も含まれる。

22 穆（２０１９）を参照。

23 銀行券については「日本銀行法」第46条第２項に規定されている。

24 一般にＭ０は中央銀行当座預金と銀行券、Ｍ１は民間銀行の流動性預金、Ｍ２は民間銀行の定期性預金を指す。これらの違いは、信用リスクの程度や資金化の容易さに基づく。

25 因みに、「アリペイ」や「ウイチャットペイ」も当初は支払や決済の資金を民間銀行の預金として保有していたという意味で、銀行預金との「密関係」を有していた。しかし、２０１９年からは中国人民銀行に１００％準備を置くよう求められている点で、「密関係」に起因する問題は解消されている。

26 例えば、中国人民銀行数字貨幣研究項目組（２０１６）を参照。

27 スイスの「ソブリン・マネー」を巡る議論は第４章を参照。

28 中央銀行デジタル通貨の文献で「デジタル預金取付け」と呼ばれる現象であり、デジタル通貨の場合には資金の移動が簡単かつ24時間３６５日行いうるようになるので、金融危機の際に生ずる「取付け」が急激に進むとの懸念である。その妥当性は第８章で詳しく議論する。

29 ここでの例外的なケースの代表は、政府が家計や企業に対して（公共事業費や年金支払でなく）何の対価もなく中央銀行デジタルマネーを配布するケースであり、デジタル通貨による「ヘリコプター・マネー」である。

30 事前に設定された様々な条件によって、各条件に紐づけられた利得が得られる証券であり、実務的にはオプション取引の集合体に近い。

第3章 主要国の中央銀行による取り組み——欧州〈その1〉

中央銀行によるデジタル通貨に対する取組みは、主要国の中ではこれまで欧州諸国が先行してきた。しかも、経済や金融システムの特徴を反映して、背景や狙いには相互に違いがみられる。本章ではこうした特徴の違いに注目しながら、主な取り組みをみていく。

1 スウェーデンのE－Krona

主要国の中では、中国と並んで最も早期に中央銀行によるデジタル通貨の発行が見込まれるのがスウェーデンであり、スウェーデンの中央銀行であるリクスバンクは、先に見た中国とほぼ同時期から検討に着手したとみられる。

本書の執筆時点（2020年春）の時点では、E－Kronaと称するデジタル通貨を発行するか否かの最終決定こそ留保しているものの、基本的な枠組みに関する白書を既に2回（2017年および2018年）発行しているほか、2020年2月にはコンサルティング会

図表3-1　欧州主要国の銀行券残高の対GDP比率

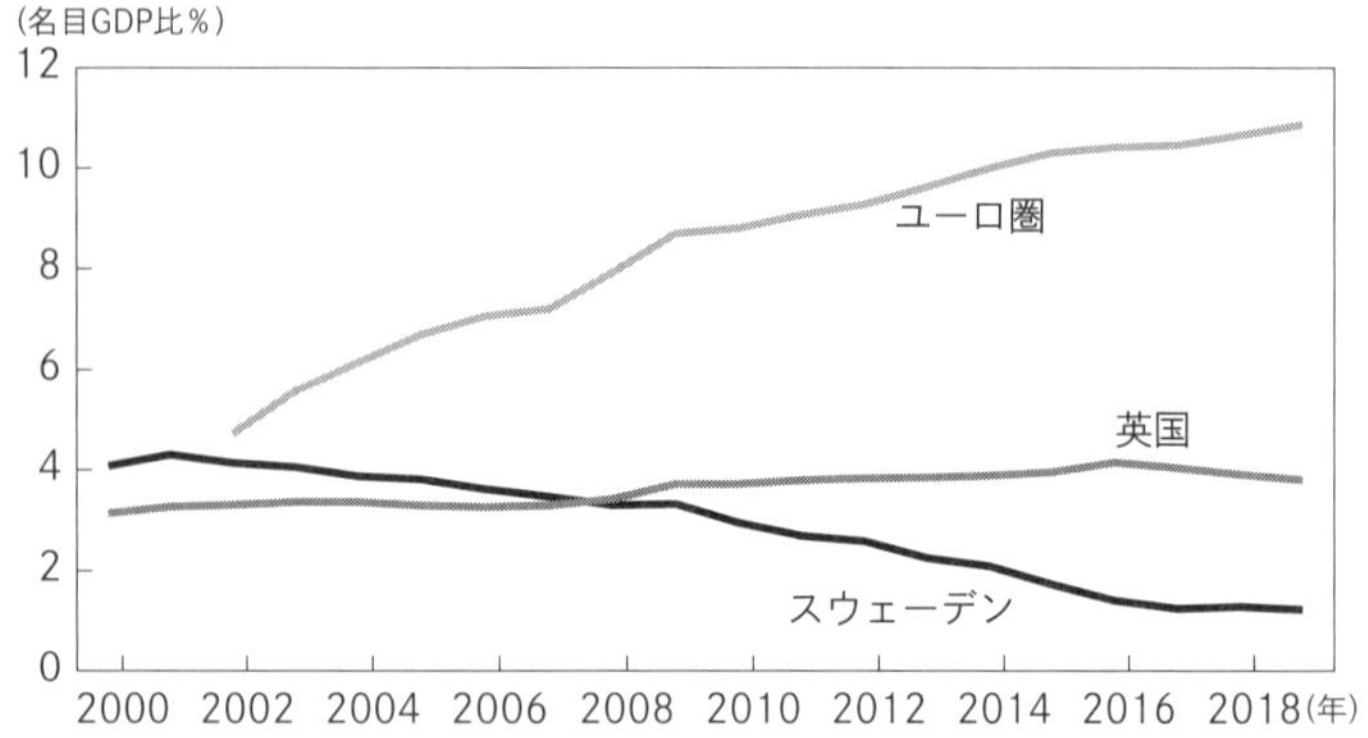

資料：各国中央銀行、Eurostat

社と共同で実証実験を開始することを発表した。[2] 本節では、これらを含めてこれまでにリクスバンクが公表してきた資料を参照しつつ、スキームの概要や特徴を検討する。

スウェーデンの場合、中央銀行によるデジタル通貨の発行が必要という議論の最も大きな背景は、銀行券の使用が趨勢的かつ迅速に低下している点にある。実際、世界金融危機後にはグローバルに低金利環境が定着して銀行券保有の機会費用が低下したにもかかわらず、スウェーデンは先進国の中で唯一、名目ＧＤＰとの比率でみた銀行券の発行残高の低下傾向に歯止めがかかっていない。

理由について上記の白書は、広大な国土と低位な人口密度というスウェーデンの地政学的特徴[3]の下で、銀行券離れに経済合理性があった点を挙げている。比較的大きな都市が相互に離れて存在しているため、銀行券の配送や回収のコストは相対的に大きく、過疎地にＡＴＭを維持することの効率性も利用度合いに比べて低い。こうした中で、近年に進行した小口の支払や決済のデジタル化、なかでも都市部におけるクレジットカードの利用拡大やＳｗｉｓｈ[4]の導入によって、民間銀行とユーザーの双方にとってデジタル決済の利便性が向上し、銀行券離れが進行したわけである。

BOX Ｓｗｉｓｈの概要

Ｓｗｉｓｈは個人同士の支払を安全かつ効率的に行うことを目的に、２０１２年にスウェーデン国内の銀行（６行）の共同プロジェクトとして開始された。ユーザーが銀行に保有する預金の引落としによる支払を可能にする点で、既存の銀行システムに依存する伝統的なシステムとも言えるが、当初からスマートフォンのアプリを用いていたことに新規性がある。加盟銀行は共同でＢｉＲという決済システムを構築し、異なる銀行間の支払に伴う決済はＢｉＲに置かれた各銀行の預金の振替によって行われている。このシステムは、24時間３６５日稼働しており、異なる銀行に預金を持つユーザー間の支払もＲＴＧＳ（即時グロス決済）で処理される。

その後、２０１４年からは支払の対象が個人間だけでなく、個人による企業への電子商取引等に伴う支払に拡大されたことや、加盟銀行が12行へと拡大していったこともあって、ユーザー数は増加を続けており、Ｓｗｉｓｈの公表資料によれば２０１９年には同国の人口の７割がアクティブユーザーになっているとされる。もっとも、同国の中央銀行であるリクスバンクの決済統計（企業間の大口決済を含む）によれば、２０１８年時点でＳｗｉｓｈのシェアは約６％に止まり、デビットカードや現金の各々のシェアとほぼ拮抗している。因みに、シェアが最も大きいのはクレジットカードで約58％を占めており、次に大きいのは企業が主として活用している銀行預金の振替（23％）である。

なお、上記のＢｉＲは各銀行から受入れた預金に相当する額をリクスバンクに預金することで、ＢｉＲの破綻に伴うリスクの削減を図っているが、リクスバンクは決済リスクを一層低下させる観点から、Ｓｗｉｓｈに加盟する各銀行間での決済を、各銀行がリクスバンクに保有する当座預金によって直接に行うよう促している。こうした対応は、リクスバンクがＥＣＢの構築したＴＩＰＳのシステムに（自国通貨を維持しつつ）参加することで、当座預金取引のＲＴＧＳ化とともに実現するとみられる。

それならば、銀行券の発行や使用を止めてしまうようなシンプルな選択肢もありうるはずである。しかしリクスバンクは、中央銀行が個人や家計の支払や決済の手段を提供し続けることが必要であると主張し、その理由として以下の二点を挙げている。

第一に民間によるサービスに対応できない層をカバーするためである。

図表3-2　スウェーデンと日本の決済手段別のシェア

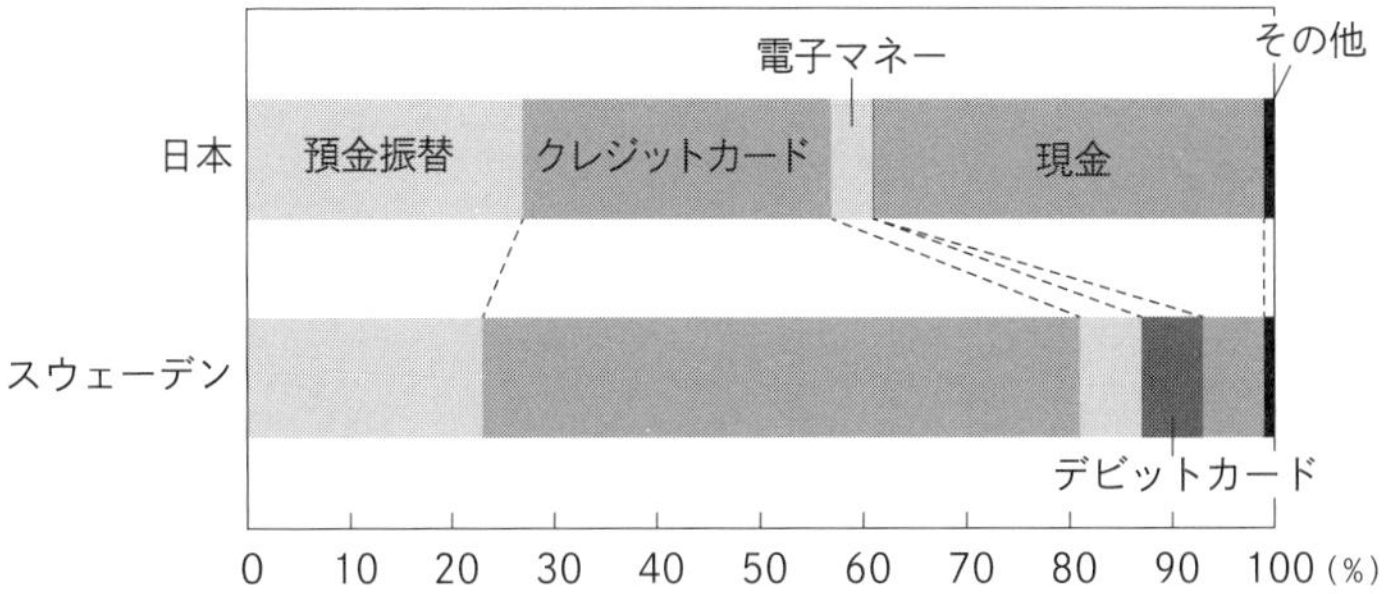

資料：Riksbank, 経済産業省

民間業者による支払や決済のデジタル化は、主として経済合理性によって推進されてきただけに、それに見合わない層――例えば、大都市からの遠隔地に居住する人々――は、極めて高い利用料の負担なども含めて、実質的に切り捨てられるリスクがある。この点は、デジタル技術に対するリテラシーの低い層や、与信面からクレジットカードの使用が限られる層も含めると、社会的に無視しえない問題となる。

つまり、経済活動に不可欠な支払や決済の手段を幅広く提供することには公共的な意義が存在し、それは中央銀行が銀行券の発行を通じて果たしてきた役割の延長線上に位置づけられるという考え方である。その意味では、前章で見た中国の考え方とも近い。

第二に支払や決済のために安全な手段――信用リスクや流動性リスクのない手段――を提供し続けるためである。

リクスバンクは他の主要国の中央銀行と同じく、民間金融機関に対して安全な支払や決済の手段として中央銀行当座預金を提供しており、こうした機能はデジタル通貨の導入後も維持される。ここでの安全という意味は、元本の価値が喪失するリスクという意味での信用リスクや、使用に際して元本の価値が変動するリスクという意味での流動性リスクが、ソブリンリスクそのものであるだけに、極めて小さいという意味である[6]。

中央銀行は、家計や企業による支払や決済のためにも、こうした特性を満たす手段として銀行券を提供してきたが、経済のデジタル化に対応して、新たな支払や決済の手段としてデジタル通貨を提供することが必要という考え方である。

この第二の点は、中央銀行がデジタル通貨を発行することによるメリットとコストを考える上で重要な論点に関わっている。つまり、中央銀行が上記の意味で安全なデジタル通貨を提供すると、家計や企業による支払や決済の手段としての地位を独占し、民間業者によるＩＴ技術や金融サービスの点でのイノベーションを阻害するリスクがある。

この問題を克服するには、民間業者に対して、より高度で効率的な金融サービスを提供しうる環境を整える必要がある。リクスバンクも、こうした観点を踏まえて、中央銀行デジタル通貨が民間業者による金融サービスにとってインフラとして活用されることに期待を表明している。

具体的には、中央銀行の発行するデジタル通貨が、支払や決済の手段として広く活用されるとしても、価値の保存のためには様々な消費者サービスとの連携性の高い銀行預金が引続き活用されることを想定している。[7] このような発想は、前章でみた中国のケースと共通している。

さらにリクスバンクは、中央銀行デジタル通貨の機能を支払や決済に限定する観点から、無利子で発行することやユーザー当りの保有残高に上限を設けることを提唱している。もっとも、これらの主張には留意すべき点も残る。

まず、中央銀行デジタル通貨に対する付利の問題は、支払や決済の手段としての機能だけでなく、第8章で詳しくみるように、金融政策の波及との関係からも慎重に検討することが必要である。また、現在のような低金利環境では、中央銀行デジタル通貨を無利子にしても、民間銀行預金との対比でみた保有の機会費用は相対的に小さくなる。この結果、家計や企業が中央銀行デジタル通貨を結果的に価値の保蔵手段としても活用する可能性は小さくない。

その意味では中央銀行デジタル通貨の保有残高に上限を設ける方が有効な歯止めとなる可能性はあるが、実務的に適切な水準に設定することは必ずしも容易ではない。家計や企業のリスク選好や収入と支払の時間的パターンによって、各々の家計や企業が適切と考える通貨の保有残高には大きなばらつきが生じうる。それらを全て満たすように上限を大きめに設定すると、民間銀行の預金との併存は一層難しくなる。

また、安全なデジタル通貨が存在すると、金融システムにストレスが生じた場合に「デジタル預金取付け」が急激に生ずるリスクがあることは、前章でみた通りである。こうした懸念については、リクスバンクが上記の白書で論じたように、実務的にはより丁寧な議論が必要である。

第一に、世界金融危機の際にも欧米で確認されたように、安全資産への逃避は、家計や企業によるものよりも民間金融機関によるものの方がはるかに大規模かつ急激である。しかも、主要国の中央銀行が提供する当座預金は既にデジタル化しているので、民間金融機関による「デジタル預金取付け」は、中央銀行デジタル通貨が存在しなくても急激に進行しうる。しかも、この問題に対して中央銀行は、「最後の貸し手」としての資金供給によって有効に対処しうる。

第二に、「取付け」は、特定の金融機関に対する信認の問題として生じた場合と、その国の金融システム全体に対する信認の問題として生じた場合に区別して考える必要がある。前者の場合に典型的に生ずるのは、特定の金融機関から流出した預金が別の金融機関に預け替えられることであり、これはデジタル通貨の有無とは関係なく生じうる。[8]

これに対し後者の場合は、中央銀行デジタル通貨への大規模な逃避が生じうるし、銀行券への逃避に比べて急激に事態が展開するリスクもある。しかし、第7章で詳しくみるように、中央銀行が民間金融機関に対して、需要の急増したデジタル通貨を円滑に供給できれば、事態を沈静化させることは可能である。これはまさに、中央銀行デジタル通貨の下での新たな「最後の貸し手」の機能と言える。

上記のような留意点や検討すべき点は残るが、リクスバンクが主張するように、自ら導入するデジタル通貨が、家計や企業に支払や決済の手段として活用されつつ、民間業者にとってイ

図表3-3　E-Kronaのイメージ

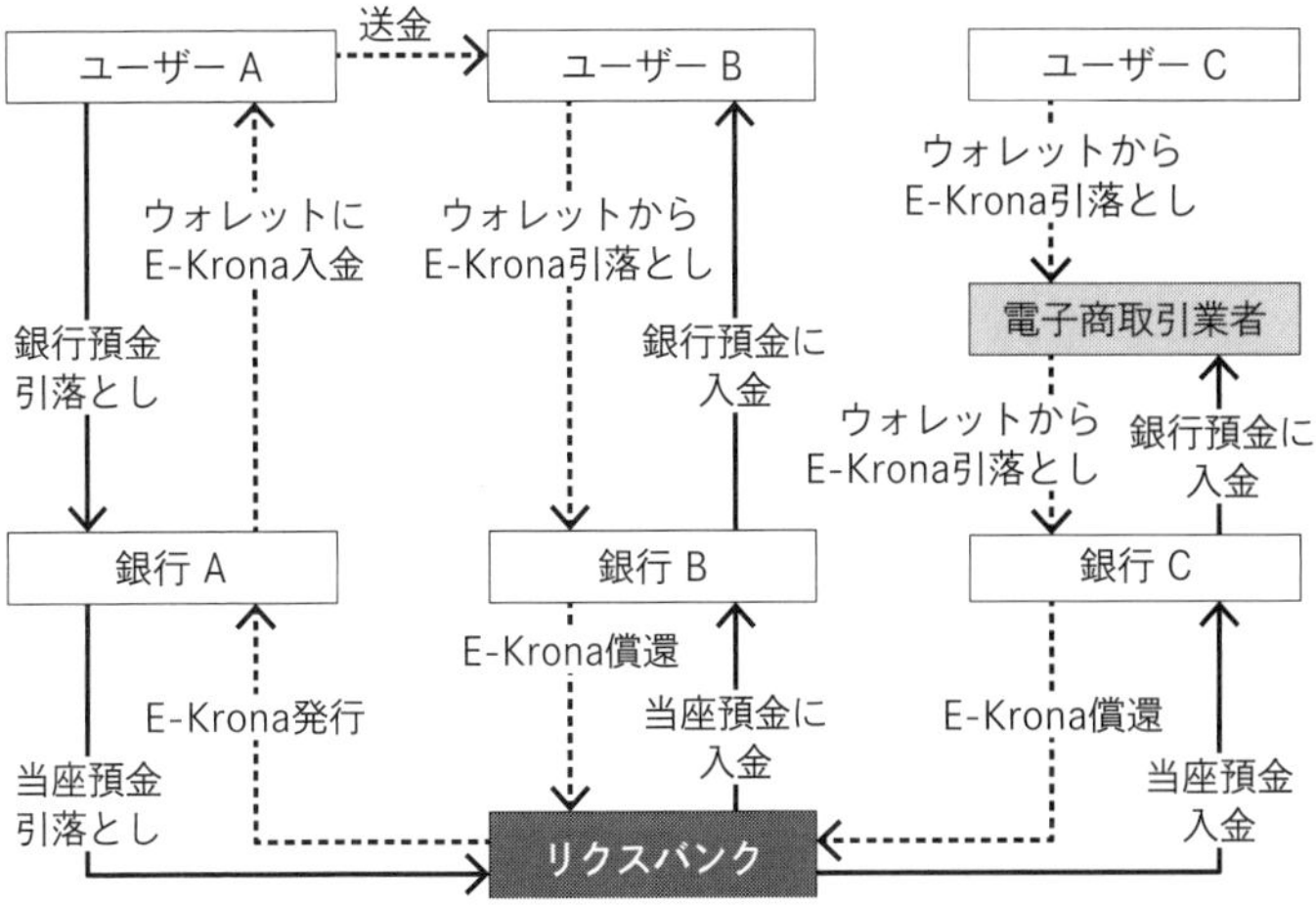

資料：Riksbank

ノベーションのインフラとなる展望は十分に存在する。

そこで、リクスバンクの白書をもとにE－Kroneの特徴を整理すると、まず、ユーザー相互間――いわゆる「p－to－p」――での支払や決済における使用も明示的に想定している点が挙げられる。併せて、リクスバンクは、口座を通じた形態とウォレットを通じた形態のいずれでも使用できるようにする姿勢も示している。

p－to－pの使用を可能にすることは、E－Kroneの当初の使命が銀行券の代替にある以上、当然に求められる要件であるが、支払や決済の完結性の確保の点では新たな課題を伴うことになる。

すなわち、口座を通じた形態であれば、中央銀行デジタル通貨の管理者――原則的には中央銀行――が個々の使用を管理することで、二重支払のような問題を回避することは容易であり、したがって完結性の問題は低下する。しかし、ウォレットを通じた形態の場合は、完結性を維持するためには、そうした端末の使用を管理する新たな仕組みが必要になる。

リクスバンクの白書も、マネーロンダリングやテロ資金の防止のための本人確認や取引確認の観点も含めて、口座形態だけでなくウォレット形態も含めて、個々の取引を監視し、追跡しうる仕組みが必要であると論じている。さらに、ウォレット形態の場合はダウンロードしうる金額に上限を設ける可能性も示唆し、目途として、現在の規制でも報告義務なくクロスボーダーでの送金が可能な上限である250ユーロ相当額を挙げている。ただし、この金額で家計が支払や決済を円滑に行いうるかどうかは、さらに慎重な検討が必要とみられる。

E－Kronaのもう一つの重要な特徴は、民間銀行預金を含む既存の金融資産との共存が想定されている点である。

家計や企業は、民間金融機関のATMやパソコン、スマートフォンなどを使って、保有する金融資産を中央銀行デジタル通貨に交換して支払や決済に使用し、逆に金融資産に交換することが想定されている。このためには、中央銀行デジタル通貨による支払や決済を行う仕組みと、中央銀行デジタル通貨とその他の金融資産とを交換する仕組みの二つが必要になる。

前者のためのシステムは、E－Kronaがどのような形態で提供されるかにかかわらず、リクスバンク自身が整備することが想定されている。これは、支払や決済の完結性の確保と、本人確認や取引情報の確認といった要請を満たすために、当然の対応と考えられる。その際、リクスバンクにとっては、民間業者が提供する金融サービスとの円滑な連携を可能とするよう配慮することも重要になる。実際、リクスバンクも、こうしたインフラの構築を民間業者と共同で行う考えを示している。

その趣旨は、民間のイノベーションの成果の活用や促進にあり、前章でみた中国人民銀行が示した考え方と共通している。特に、このようなシステムの構築は、家計や企業からみた直接的なユーザーインターフェイスに関わるだけに、中央銀行デジタル通貨がその使命を果たす上での、利便性の確保の観点からみて、明らかに民間業者にアドバンテージがあるからである。

これに対し後者のためのシステムは、中央銀行当座預金を用いて民間金融機関同士の決済を行っている現在の仕組みを活用すれば、基本的に対応可能である。[10]その上で中央銀行デジタル通貨をインフラとした金融サービスの利便性や効率性の向上のためには、従来の範囲を超えた金融機関に当座預金の開設やそれを使った決済を認めることも必要となろう。[11]

その上でリクスバンクは、E－Kronaの導入に向けて今後に解決が必要な課題として、次の二つを掲げている。

一つは新たなデジタル通貨を「法定通貨」とする対応である。

前章でも触れたように、スウェーデンに限らず主要国では、中央銀行が発行する銀行券の通用力に対して法的な裏付けを与えており、その意味で銀行券は「法定通貨」と呼ばれる。この点は、中央銀行による安全で確実な支払や決済の手段の提供を可能にする上で重要な要素になっている。

Ｅ－Ｋｒｏｎａのような中央銀行デジタル通貨も銀行券を代替することを目指す以上、「法定通貨」の性質を継承することが望ましいが、実際問題として、銀行券を想定した現在の法律が中央銀行デジタル通貨にも自動的に援用できるわけではないケースが多いとみられる。[12]

しかも、デジタル通貨はあくまでもデジタルデータに過ぎず、実体のある銀行券とは物理的に異なるので、最小単位の問題や第三者による善意取得などに関しても、銀行券の扱いを自動的に援用できるとは限らない。こうした問題は、特にウォレット形態での提供に関して検討する必要があろう。

このように、Ｅ－Ｋｒｏｎａに「法定通貨」の地位を与えるには、まずはデジタル通貨自体を法的に適切に位置づけた上で、さらにＥ－Ｋｒｏｎａに対する通用力の付与が必要となる。この課題は法技術的な側面だけでなく、議会での法改正という政治的な側面を含むだけに、クリアーに向けて相応の時間を要することも考えられる。

もう一つの課題はデジタル通貨の使用する技術の選択である。

前章で中国人民銀行のデジタル通貨に関して触れたように、現時点のブロックチェーン技術では、少なくとも家計や企業の支払や決済に関しては、処理速度や完結性の点で大きな課題を残している。[13]一方で、ＩＴイノベーションは急速な進歩を続けており、Ｅ－Ｋｒｏｎａの場合であっても、全面的な導入までには様々な実証実験や法的対応が必要となることを考えれば、その間に実現する新技術を取り込むことも有用であろう。

リクスバンクも2018年の白書では、E－Kronaの実現に際して活用する技術を特定せず、今後のイノベーションや試行的導入の結果を踏まえて、並行的に検討を続けるという柔軟な姿勢を明示している。確かに、口座形態であっても、民間金融機関だけを相手にしていた場合に比べて、家計や企業を幅広く対象とする場合には、口座や取引の件数、連続稼働に対する要求度合いや本人確認や取引情報の確認といった点では技術的課題も少なくない。

リクスバンクは、2019年12月にIT企業3社と契約を結び、2020年末までの間にスマートフォンやカード、スマートウオッチなどの分散型端末を用いたデジタル通貨のプラットフォームを共同開発することを発表した。併せて、外部のコンサルティング会社とも契約を締結し、小口の支払や決済サービスを行う民間業者との取引シミュレーションを行う方針も公表した。

さらに2020年2月には、民間のコンサルティング会社と共同で、ブロックチェーン技術を使用したウォレット型の中央銀行デジタル通貨に関する実証実験を開始することを公表している。上記のような法的ないし技術的な課題を意識しているためか、リクスバンクはE－Kronaの発行に向けた最終的な判断を留保しているが、中国と並んで試行的導入の成果が注目される。

2　ユーロ圏での議論

欧州中央銀行（ＥＣＢ）も、少なくとも２０１６年以降はスウェーデンや英国の議論に触発された面もあってか、自らがデジタル通貨を発行することのメリットや課題を議論する資料を対外的に公表するようになった。

また、日本との関係では、ＥＣＢが日本銀行と共同で２０１６年から実施してきた「Stella」と呼ばれるプロジェクトにも言及する必要があろう。これは、中央銀行当座預金による民間金融機関同士の決済において、ブロックチェーン技術を利用したデジタル通貨の可能性を検証するものであり[14]、本書で焦点を当てている「一般目的型」ではなく「大口型」であるが、両中央銀行が実際のデータを使用してシミュレーションを実施した点で画期的な意味を持つ。

さらに２０１９年には、本書の第１章でみた「リブラ構想」に関する対処方針を討議する場として設置された、先進７カ国（Ｇ７）財務相・中央銀行総裁会議のワーキンググループにおいて、ＥＣＢのクーレ理事（当時）が議長を務めたこともあって[15]、ＥＣＢの幹部や域内中央銀行の総裁も講演などを通じて、中央銀行デジタル通貨に対する考え方を積極的に表明するようになっている。

もっとも、ＥＣＢの幹部による中央銀行デジタル通貨の評価には慎重なものが目立つ。例えば、メルシュ理事（当時）による講演[16]も、クロスボーダーの支払や決済における非効率性や、「unbanked」の人々に対する「金融包摂」などの面で現在の金融システムには課題が多いことを認めつつも、デジタル通貨による解決の可能性には慎重な姿勢を示していた。

特に、ＥＣＢが自らデジタル通貨の発行に関わることについては、ユーロ圏経済の膨大な数の家計や企業の支払や決済を、安全で確実に行うために必要なシステムの構築や運営における負担の大きさや技術的な課題の多さ、民間のイノベーションを阻害するリスク、本人確認や取引情報の確認を民間金融機関経由で行うことの効率性の喪失、金融政策の波及効果や金融システムの安定に対する影響の不確実性といった課題がむしろ強調されることが多かった。

中国やスウェーデンに関して論じたように、これらの課題の少なくとも一部は工夫次第で対処可能な面もあるが、ユーロ圏では銀行券の使用が急速に衰退するといった事態に直面していない[17]ことも、ＥＣＢに慎重な姿勢を維持する余地を与えていた面があろう。

しかし、ここへきて議論を巡る環境には変化が生じつつある。つまり、欧州連合（ＥＵ）の首脳会合である欧州理事会が行政府にあたる欧州委員会と共同で、ＥＣＢが中央銀行デジタル通貨についてコストとベネフィットの評価を行うことを歓迎する旨を明示したからである。この共同文書は、欧州理事会の12月会合で正式に決定された。

この共同文書[18]の主たる目的は、「リブラ構想」のような「グローバル・ステーブルコイン」について、様々な課題が解決しない限りＥＵ域内に導入することを認めないと宣言することにあった。その一方で、「ステーブルコイン」が提起した金融サービスの課題を認識しつつ、ECBや民間金融機関による欧州独自の取り組みを促進すべきとの考えを明確に示している。その意味で、欧州の金融サービスが米国の巨大IT企業によって席巻される事態を防ぐという、第2章でみた中国と同様な意図が示唆されている点が興味深い。

実際、欧州委員会は、金融サービスに限らず様々な領域のビジネスに関して、デジタル課税や個人情報の保護、知的所有権の保護といった様々な切り口から、欧州でのGAFAの活動を抑制しようとしている。つまり、欧州委員会がECBによるデジタル通貨の導入を促進することも、GAFAとの広範な対立の一環という意味合いも有している。

こうした動きの背後では、欧州議会もこの問題に強い関心を示したことが注目される。実際、欧州議会の経済金融委員会は、民間シンクタンクであるBruegelに対して、いわゆる「ステーブル・コイン」がもたらす課題と中央銀行デジタル通貨の可能性について諮問した。[19]これに対し報告書は、中央銀行デジタル通貨の導入を有効な対抗策と評価し、金融仲介や金融政策面での副作用についても中央銀行は対応可能との前向きな主張を展開している。

ECB自身に関しても、2019年11月に新総裁に就任したラガルド氏のスタンスが注目される。同氏は、前職の国際通貨基金（IMF）の専務理事であった際に、中央銀行デジタル通貨の発行を新たな調査プロジェクトとして立ち上げた経緯がある。[20]また、早くから欧州委員会や欧州議会との関係強化を打ち出しているだけでなく、金融政策がいわば持久戦に入る中で、デジタル通貨に関する調査研究をＥＣＢの新たな存在価値としてアピールすることも考えられる。

こうした中で、２０２０年１月にはＥＣＢの執行部から、二つの注目すべき論文が公表された。

一つは、ＥＣＢの決済システム局のBindseil局長[21]によるワーキングペーパー[22]である。この論文は、「一般目的型」のデジタル通貨が銀行預金の一部を代替する可能性を前提に分析を加えた上で、金融政策や金融システム安定の観点からは、現行の枠組みに大きな影響を与えることなく中央銀行デジタル通貨を導入することが可能と主張した点が特徴的である。つまり、上にみたようなＥＣＢ幹部の慎重な姿勢から、一歩踏み出した形になっている。

Bindseil氏は、こうした前提を置いた理由として、銀行券を代替するだけであれば金融システムの安定や金融政策の波及に対する影響は限定的になり、新たな検討は原則として不要だからと説明している。こうした主張は概ね正しいが、より厳密には、既にみたように、中央銀行デジタル通貨に対する付利や、中央銀行デジタル通貨の保有限度の設定、民間業者の提供する金融サービスとの相互接続性や親和性の付与といった論点は残る。

また、中央銀行デジタル通貨が銀行預金を代替する場合も、家計や企業が保有する資金を中央銀行デジタル通貨とそれ以外の金融資産にどう配分するかは、マクロとミクロの双方の多様な要素に依存してダイナミックに変動するはずである。

それにもかかわらず、本論文が、民間銀行預金の一定の割合が中央銀行デジタル通貨に置き換わるという仮定を置いたのは、分析や議論を単純化することで、中央銀行デジタル通貨が家計や企業の支払や決済に幅広く使用された場合の影響を明確に示すことに主眼があったからであろう。

民間銀行預金の一部が中央銀行デジタル通貨に置き換わる場合、民間銀行のバランスシートには当然に変化が生じる。

まず、民間銀行は家計や企業の求めに応じて銀行預金の引き落としと交換に中央銀行デジタル通貨を支払うため、中央銀行当座預金を引き落として、中央銀行デジタル通貨を手に入れる必要がある。その際、本論文が仮定するように、初期時点での中央銀行当座預金の残高がゼロ[23]であれば、民間銀行は中央銀行当座預金を調達する必要がある。

しかし、同論文が説明するように、これは中央銀行が民間銀行に与信を供与するか、民間銀行から国債等の資産を買い入れるといった通常のオペレーションによって容易に実現できる。この間、民間銀行のバランスシートにもともと載っていたそれ以外の資産や負債には、量的な意味で何らの影響も生じないので、貸出を通じた金融仲介にも変化は生じないことになる。

つまり、中央銀行デジタル通貨が民間銀行預金の一部を代替しても、量的な意味で金融仲介に影響が生ずることはないという重要な結論が導かれる。ただし、こうした結論は、量的な側面だけでなく収益面まで考慮に入れると、異なる意味合いが生じる。

図表3-4　Bindseil氏の分析によるバランスシートへの影響

1）家計や機関投資家のバランスシート

（資産）			（負債）		
民間銀行預金		−CBDC2			
中央銀行デジタル通貨	+CBDC1	+CBDC2			
銀行券	−CBDC1				
民間銀行の債券	+S1				
国債や社債	−S1				

2）民間銀行のバランスシート

（資産）			（負債）		
国債や社債	−S2		預金		−CBDC2
			債券		+S1
			中央銀行借入れ	+CBDC2	−S1−S2

3）中央銀行のバランスシート

（資産）			（負債）		
民間銀行与信	+CBDC2	−S1−S2	銀行券		−CDBC1
国債や社債		+S1+S2	中央銀行デジタル通貨	+CBDC1	+CBDC2

CBDC1:銀行券を代替して発行される中央銀行デジタル通貨の金額
CBDC2:民間銀行預金を代替して発行される中央銀行デジタル通貨の金額
S1: 民間銀行が預金の代わりに家計や機関投資家から調達する金額
S2: 民間銀行が預金の代わりに資産売却によって捻出する金額

資料：Bindseil (2020)

本論文が適切に論じているように、上記のプロセスを通じて、民間銀行の負債の一部は銀行預金から中央銀行からの借入れに置き換わるか、銀行預金の減少に見合う形で国債等の保有資産が減少するので、いずれの場合でも民間銀行の利鞘と純金利収入は減少する。

こうした収益面の影響が金融仲介にどのような効果を持つかをアプリオリに判断することは難しいが、もしも、民間銀行が貸出金利の引き上げによって収益を補おうとすれば、金利面から金融仲介を抑制する可能性は排除できない。

金利面での効果は別なルートからも生じうる。例えば、民間銀行が家計や企業の求めに応じて銀行預金を引き落として中央銀行デジタル通貨を入金する場合に、中央銀行は上にみたような与信の供与や資産の買取り等による中央銀行デジタル通貨の新たな供給を行わなかったとしよう。

その場合、民間銀行は短期金融市場などで他の民間銀行から資金を別途調達し、中央銀行当座預金を積み増した上で、それと交換に中央銀行から中央銀行デジタル通貨を入手することになる。これら一連の取引を通じてみれば、民間銀行の負債側で銀行預金が短期金融市場からの借入れに置き換わるので、利鞘と純金利収入が減少し、結果として金利面から金融仲介を抑制する可能性は残る。

この場合には、民間銀行の資金調達における短期金融市場への依存が高まるだけに、民間銀行の流動性リスクを高めるという意味で、金融システムの安定にも一定の影響が生ずることになる。もちろん、これまでの議論から明らかなように、中央銀行はこうした影響を回避したいのであれば、与信や資産の買取りによって中央銀行デジタル通貨を新規に供給すればよい。

この点について、中央銀行デジタル通貨に関する文献には、中央銀行がこのように受動的に資金供給に応じてしまうと、インフレの加速や資産価格の高騰等といった副作用を招くとの主張も散見される。[24] こうした指摘は一般には正しいが、ＥＣＢを含む主要国の中央銀行が大量の資金供給を既に常態化させていることを前提とすれば、こうした追加的な資金供給による問題を改めて特に問題視すべきかどうかには議論の余地がある。

さらに、こうした環境の下では、初期時点で中央銀行当座預金の残高がゼロ（あるいは超過準備が存在しない）という同論文の仮定自体が現実的でないとも言える。逆に、現在のような大量の超過準備を前提とした場合、民間銀行はこれを引き落とすことで中央銀行デジタル通貨を容易に入手できるので、民間銀行にとって貸出を含む資産側には量的な意味合いだけでなく金利面からも影響が生じない。つまり、中央銀行デジタル通貨の導入に伴う金融仲介への影響は生じないことがありうるという興味深い結論が導かれる。[25]

もう一つの論文は、フランスの中央銀行であるフランス銀行（ＢｄＦ）のタスクフォースによる報告書[26]である。

このタスクフォースは、ＢｄＦ内の決済システムや金融システム、金融政策や経済調査などを含む幅広いスタッフが参加した調査チームであり、「一般目的型」と「大口型」の双方のデジタル通貨について、メリットとコスト、課題やリスクを評価するために活動した。その意味でこの報告書は、Bindseil 氏による論文より幅広い論点をカバーしている。

この報告書は、中央銀行デジタル通貨の意義について、技術革新が進む下での安全かつ流動的な支払や決済の手段の提供と捉えるともに、海外の影響を受けない独立した欧州連合として、通貨主権を維持することの重要さも強調した。この点は、欧州議会や欧州委員会による議論と同じく、米国や中国からの進出に対する警戒感の強さを示唆しており興味深い。

その上で「一般目的型」については、小口の支払や決済のコストを低下させるために、銀行預金と補完的な関係にあり、安全性と流動性を備えた中央銀行通貨を、デジタル形態で広く使用できるようにすることを第一義的な目的として掲げた。一方、「大口型」は、ブロックチェーン技術を活用した完結性のある決済手段を導入することで、民間金融機関のイノベーションや生産性を高めるものであるべきことを指摘した。加えて、これらの結果として、ユーロの国際通貨としての魅力の向上に寄与することへの期待も表明した。

技術面では、民間金融機関同士の支払や決済に関しては既にデジタル化が進んでいるだけに、「大口型」はブロックチェーンを利用したものとしなければ意味がないと主張した一方、「一般目的型」は、ユーザーの技術的能力などを勘案すると、ブロックチェーン技術を使用せず、単純に中央銀行が発行する電子マネーの形態になりうると整理した。

また、「一般目的型」については、個人情報の保護や個人や取引の認証に対応する必要があり、この点では口座形態が望ましいとの結論を得ている。[27]さらに、「一般目的型」のデジタル通貨のユーザーへの配布は、中央銀行自体が行うのでなく仲介機関を介することが適当との考えを示し、その理由として、現在の仲介機関である民間金融機関が有する個人や取引の認証に関する知見を活用しうる点を挙げた。

スウェーデンのケースでみたように、ウォレット形態でも個人や取引の認証に対応することは可能であるが、残高上限の設定や、ウォレットの決済システムに対する常時接続といった新たな課題を惹起するだけに、口座形態の方が運営しやすいことは事実である。また、本報告書に限らず中央銀行関係者による議論で散見される意見であるが、民間金融機関に個人や取引の認証を委託し続けることにも一定の合理性はある。[28]

一方で、認証のコストを民間金融機関に負担させ続けるべきかどうかも、今後の論点になりうる。この点は、中央銀行デジタル通貨の導入による金融仲介の変化や、個人や取引に関する情報の還元や活用といった点も考慮しながら、コストの社会的な分担の在り方として議論していくことが望まれる。[29]

法的な視点からは、スウェーデンのケースと同じく、ＥＣＢは現時点でデジタル通貨を発行しうる立場を与えられていない。そのためにＥＣＢの業務を規定したリスボン条約を改正することは政治的に困難であるだけに、デジタル通貨の発行をＥＣＢの既存の業務である法定通貨の発行の一環と位置づけられるかどうかがポイントであると指摘した。[30]

その上で本報告書は、具体的な選択肢として、①「一般目的型」のデジタル通貨をデジタル形態の銀行券とみなす、②中央銀行は、銀行預金と「一般目的型」のデジタル通貨の１対１での交換を保証する、といった案を示した。

報告書も認めるように、これらの対応策による法的な安定性には不透明な面が残るようだ。ただし、特に②のような対応は、中央銀行デジタル通貨と銀行預金との併存を前提とした場合に、少なくとも「平時」において金融システムの安定を維持する上で意味のある対応としている。つまり、金融システムが不安定化した場合の「デジタル預金取付け」のリスクは認識しつつも、そうした不安が生ずることへの歯止めとしての役割も認めている。

経済政策との関係では、「一般目的型」のデジタル通貨の導入に伴う銀行預金への影響[31]に十分な注意を払うべき点を強調したほか、マネタリーベースが拡大するとともに不安定化するリスクも指摘した。このうち前者に関しては、先にみたBindseil氏の見方と同じく、民間銀行が預金利回りの引上げや預金以外の資金調達の拡充などの対応を図る可能性を指摘するとともに、民間銀行に対して十分な担保の保有を求めることの重要性を確認した。

最後に金融政策との関係では、デジタル通貨への付利を行わない場合——しかも保有残高に上限を設けない場合——には、政策金利の下限は現在よりむしろ上昇してゼロになる点を確認した。なぜなら、マイナス金利政策を実行しようとしても、家計や企業、民間金融機関は、デジタル通貨への運用を通じて、銀行券を用いるケースよりもコストを伴わず、しかも迅速にマイナス金利を回避できるからである。

これに対し「一般目的型」のデジタル通貨に付利を行う場合には、この金利が銀行預金の金利に対するフロアーとなる。なぜなら、中央銀行デジタル通貨は、銀行預金に比べて、安全性や流動性に優れているからである。

したがって、例えば、中央銀行がデジタル通貨に対する付利水準を引上げると、直ちに銀行

図表3-5　主要国の中央銀行における「通貨発行益」

	日本銀行	米連邦準備銀行	欧州中央銀行
当期剰余金の留保	原則として5％を準備金として積立て	合計で100億ドルまでは準備金として積立て	原則として資本金と同額まで準備金に積立て
出資者への還元	出資金の5％を上限として配当	加盟銀行に対して出資金の6％を配当	ユーロ圏の域内中央銀行に出資比率に即して分配
国庫への納付	当期剰余金から準備金と配当を除いた額を納付	当期剰余金から準備金と配当を除いた額を納付	（配当を受けた域内中央銀行が各々納付）

資料：日本銀行、FRB、ECB

預金の利回り上昇に波及するという意味で、金融政策の波及がより迅速かつ効率的になりうる。一方で、民間銀行には銀行預金の利回り上昇に伴う資金調達コストの上昇やそれに伴う金融仲介への影響が生じうると指摘した。

デジタル通貨への付利を行うことで中央銀行の通貨発行益も減少する可能性があるため、本報告書は、そうした付利を行うとしても、その水準は民間金融機関が中央銀行に保有する超過準備に対する付利よりも若干低いものにすべきとの考え方を示した。これによって、民間銀行の資金調達コストの上昇圧力と中央銀行の通貨発行益の減少の双方を抑制しようという考え方である。

この点はBindseil氏の論文に関して議論したように理論的には正しいが、その実効性は具体的な金利環境によって大きく左右されることに注意する必要がある。

例えば、現在のECBのように、超過準備に対する付利がそもそもマイナスであれば、「一般目的型」のデジタル通貨に対する付利はさらに低いマイナス水準になる。一方で、民間銀行にとっては家計や中小企業向けの預金に関しては実質的に「ゼロ制約」があるとすれば、中央銀行デジタル通貨の付利水準と銀行預金の利回りとが乖離することもありうる。

いずれにしてもこれら二つの論文は、中央銀行デジタル通貨の導入に伴う影響と対応について、ECBの内部で実務レベルでの検討が相応に進んでいることの証左であり、しかも、これまでに研究者の間で認識されてきたいくつかの課題に対して現実的な対応策を提示している意味でも、注目すべき内容を有している。

BOX 主要国の中央銀行における「通貨発行益」

中央銀行のバランスシートは、一般的に、負債側に銀行券や中央銀行当座預金を抱える一方、資産側に金融機関に対する貸出や金融市場から買入れた国債などの有価証券を抱える構造になっている。負債の主な要素が通貨そのものであり、資産と負債の利鞘が収益の大部分を占めているだけに、中央銀行の収益は概ね「通貨発行益」とみなすことができる。

本文でみたように、法的な通用力を有する通貨の発行の権限は本来は国民に帰属し、それが中央銀行に授権されているとすれば、「通貨発行益」も最終的には国民に帰属すべきものとなる。実際に主要国では、中央銀行が法的に認められた経費を控除した残りの収益を、国庫に納める制度が採用されている。また、中央銀行が不適切な財務運営によって収益を毀損することがないよう、政府機関ないし政府の委託を受けた主体による財務上の監査も行われている。

■注■

1 Sveriges Riksbank（2017）および同（2018）。

2 Sveriges Riksbank（2020）を参照。「一般目的型」かつウォレット形態のデジタル通貨をＤＬＴ技術を用いて運用しうるかどうかを確認することを目的として、アクセンチュアとともに２０２１年２月まで実験を行うとしている。

3 スウェーデンの国土面積は45万㎢（日本の約１・２倍）で総人口は約１０００万人（２０１８年：日本の１／12）であるので、人口密度は22・２人／㎢に過ぎない。

4 Swishとは、小口の支払や決済のためのモバイルアプリであり、スウェーデンの主要銀行６行が共同で開発し、２０１２年12月にサービスを開始した。２０１９年時点で７００万人以上が利用するなど、幅広く利用されている。詳しくはSwish（2019）を参照。

5 スウェーデンの場合、キャッシュレスの手段としてクレジットカードのウエイトも高いだけに、与信面の制約がある人々の問題は、相対的にウエイトの低い中国などに比べて、より深刻になりうる。なお、このような民間主導でのキャッシュレス化の特徴の違いは、新たに導入する中央銀行デジタル通貨の要件を考える際にも重要な前提条件となりうる。詳しくは第６章で議論する。

6 中央銀行の負債である支払や決済の手段――銀行券や中央銀行当座預金、中央銀行デジタル通貨など――の元本価値に関するリスクは、最終的には国家に対する信認に依存している。この点は、経済危機（特に財政危機）の際に通貨価値が大きく低下したり、クロスボーダーの取引で相手方に受け取りを拒否されたりするといった事実から明らかであろう。

7 つまり、通貨の持つ三つの機能のうち、支払や決済の手段としての機能は（計算単位としての機能とともに）中央銀行デジタル通貨が担うが、価値の保蔵の手段としての機能は民間銀行の預金に委ねるという考え方であり、いわば通貨の「アンバンドリング」とも言える。

8 1990年代末の日本の金融危機でも生じたように、典型的には、中小金融機関から大手金融機関へと民間銀行預金がシフトする。

9 支払や決済の完結性は、本書では、それらが一旦行われた後では有効性に疑義が生じたり、巻き戻されたりすることがないという意味で使用している。こうした事態が生ずるリスクがあるようでは、経済活動を円滑に進めることは難しくなり、支払や決済の手段として実用的でなくなる。

10 民間金融機関にとって、家計や企業が当該金融機関の発行する金融資産と中央銀行デジタル通貨の交換を求めてきた場合には、資産や負債の構成を変化させるだけで対応できる。また、他の金融機関が発行する金融資産と中央銀行デジタル通貨との交換を求めてきた場合には、これに伴う他の金融機関との決済を中央銀行当座預金によって行うことができる。

11 ただしこの点は、主要国の中央銀行が、原則的には預金を発行する銀行にだけ当座預金の開設やそれを使った決済を認めてきたことに照らして、新たな領域に踏み出すことを意味する。これまでの原則は、少なくとも経済的には、民間銀行だけが支払や決済の手段としての銀行預金を発行できることを制度的に支持する意味合いを持っている。中央銀行デジタル通貨の導入に伴って、民間銀行以外の金融機関も実質的に支払や決済の機能を提供しうるようになると考えれば、上記の原則の延長線上として、中央銀行が幅広い金融機関に当座預金の開設やそれを使った決済を認めることも合理性を有するが、この点はさらに検討が必要と思われる。

12 例えば日本についても、仮に日本銀行がデジタル通貨を発行する場合に、「法定通貨」として地位を付与するためには法的な手当てが必要との指摘がある。日本銀行金融研究所（２０１９）を参照。

13 ブロックチェーン技術に固有の特性として、取引に関するコンセンサスが成立しなかったり、取引のノードが分岐したりする結果、それを用いた支払や決済が巻き戻しを余儀なくされる可能性も存在する。この問題は、民間金融機関同士の支払や決済であれば交渉による解決の余地もあろうが、家計や企業のような不特定多数との支払や決済の場合には、そうした対応は実際上困難とみられる。

14 「Stella」に関しては既に4本の報告書が公表されている。詳しくは、日本銀行（２０１７）、同（２０１８）、同（２０１９）、同（２０２０）を各々参照。

15 G7財務相・中央銀行総裁会議のワーキンググループの報告書は、G7 Working Group on Global Stablecoin（2019）を参照。

16 Mersch,Y（2017）を参照。

17 むしろ、ドイツのように国民が銀行券の使用を志向する国も存在する。

18 Council of the EU（2019）を参照。

19 諮問に対する報告書は Bruegel（2019）を参照。

20 IMFは、当初は、新興国による通貨に対する信認の補強策としての中央銀行デジタル通貨の導入に焦点を当てていたが、近年には主要国における中央銀行デジタル通貨の意味合いも議論の対象とするようになっている。こうした視点での議論としては Adrian and Mancini-Griffoli（2019）を参照。

21 Bindseil 氏は、前職の金融市場局長の際には、筆者の定期的な欧州出張に際して度々面談に応じてくれたこともあり、同氏による金融政策や金融調節に関する著作を予てからフォローしてきた。

22 Bindseil（2020）を参照。

23 実質的には、超過準備の残高がゼロのため、民間銀行にとって自由に使用しうる中央銀行当座預金がない状態と考えてもよい。

24 例えば、Kumhof and Noone（2018）を参照。

25 一方で、中央銀行によるデジタル通貨の供給は、民間金融機関の需要に応じて受動的に行われるようになるので、金融システムにストレスが生じた場合の「デジタル預金取付け」が生じやすいという副作用を伴う。

26 Banque de France（2020）を参照。

27 もっとも、本報告書も、「一般目的型」のデジタル通貨を銀行券の代替手段と位置づけるのであれば、むしろウォレット型の方が整合的であると指摘している。

28 例えば、柳川・山岡（２０１９）を参照。

29 本報告書も、「一般目的型」の場合には非居住者の利用も認めるべきとの立場をとっているだけに、民間金融機関による個人や取引の認証に係る負担は一層増大する恐れがある。

30 本報告書は、このほかにも、デジタル通貨の発行をＥＣＢの基本的業務の一環として位置づけるといった案も示している。詳しくはBanque de France（2020）を参照。

31 本報告書は、スウェーデンに関する推計例を応用する形で、「一般目的型」のデジタル通貨の導入に伴って銀行預金の５％相当額がシフトする場合、ユーロ圏全体では６０００億ユーロの銀行預金が消滅するとの推計も示した。

第4章 主要国の中央銀行による取り組み――欧州〈その2〉

本章では、引き続き、欧州諸国における中央銀行デジタル通貨に対する取り組みをみていく。ここで取り上げる英国とスイスは、国際通貨としての展望や、既存の金融システムとの親和性といった点で特徴的な論点を提示している。

1 英国での議論

英国も中国やスウェーデンと並んで、早くから中央銀行デジタル通貨に関する研究を進めてきた。この点が対外的に明確になったのは、２０１５年のイングランド銀行（ＢＯＥ）のカーニー総裁（当時）による「One Bank」構想の下での調査研究テーマ[1]の公表である。

この「One Bank」構想は、世界金融危機の原因となった資産価格バブルや金融機関による過度なリスクテイクを把握する上で、ＢＯＥ内の金融政策や経済調査、金融監督といった各部門の間での情報や知見の共有が不十分であり、将来に向かって是正が必要という問題意識に基づ

図表4-1 「One Bank」による主な研究テーマ

問題意識	● 中央銀行のあり方に大きな影響を与える技術的、構造的な変化がグローバルに数多く進行している。 ● それらは、実質金利の動向や金融セクターのリスク、通貨や銀行の将来像まで幅広い政策的な意味合いを持ちうる。
テーマの例	● デジタル通貨や新たな金融仲介の下での金融規制 ● 高齢化や気候変動が保険業界に与える影響 ● 気候変動に伴う投資や金融システムへの影響 ● 高齢化に伴う貯蓄形成や労働参加の変化 ● 新興国の台頭や国際収支不均衡に伴う国際金融のストレス

資料：BOE

くものである。そのために、各部門間での連携を人事交流なども含めて強化する取り組みであり、同様の事例は米国の連邦準備理事会（FRB）でも実践された。

このため、「One Bank」構想の下での調査研究テーマは、複数の関係部署が相互に協調して取り組むべきものと位置づけられ、代表例として金融政策と金融監督の双方の領域に関わるマクロ・プルーデンスなどが掲げられている。このうち最後に挙げられた5本目のテーマは、過去の反省というより未来志向の性格を有し、BOEが今後に直面する課題が一括して示されている。[2] 中央銀行がデジタル通貨を発行することの意味合いや可能性を探るという課題は、その一部として挙げられているわけである。

このように、BOEによる中央銀行デジタル通貨への取組みに関する最初の公表はやや地味な形であったが、幹部が「リブラ構想」[3]公表の以前からデジタル通貨を講演などで取り上げたことや、比較的早くから発券部門内に専門部署が設けられた事実は、調査研究テーマとしての相対的な位置づけの高さを示唆するものであった。

ＢＯＥがこのテーマを重視したことの背景を、上記の「One Bank」構想や幹部の講演などをもとに推察すると、少なくとも次の点を指摘できる。

最も重要な背景はロンドンの国際金融センターとしての地位の維持である。

ロンドンにおける国際金融取引とそれに携わる金融機関の活動は、それらを支える法律やコンサルティング、ＩＴなどのインフラも含めて、文字通り、英国経済の基幹産業であり、高い国際競争力を有している。[4]一方でロンドンは、有力な競争相手であるニューヨークのように背後に巨大な実体経済を抱えているわけではないので、オフショア型の国際金融センターとして、グローバルな投資家や企業に対して常に新たな魅力を維持していく必要がある。

そうした必要性が英国の欧州連合からの離脱（Brexit）によって一段と高まっていくことは言うまでもない。本書の執筆時点（２０２０年春）では、世界の大手金融機関はBrexit後も引続きロンドンを国際金融取引の拠点として活用する意向を示しており、Brexitによって直ちにロンドンの国際金融センターとしての地位が損なわれるわけではないようだ。しかし、今後は英国と欧州連合諸国（ＥＵ）との間で金融規制や監督の内容も徐々に乖離していくことも想定されるなど、長い目でみれば不透明な要素も残る。

国際金融センターとしての魅力を確保する方策の一つとして、英国政府が打ち出しているのはイノベーションの促進である。実際、２０１０年代に入っていわゆるフィンテックへの関心が主要国で高まる中で、英国政府はＡＰＩによる個人情報の利活用を通じた金融サービスの高度化や、新規参入企業による貸出プラットフォームなどを通じた中小企業金融の活性化などを率先して実施してきた。

しかも、「サンドボックス」という手法――使途や提供者、利用者を限定した形で、イノベーションの成果を試行的に実践するもの――を活用することで、新たな金融サービスの導入を効率的かつ安全に行う戦略を採用したことは、多くの主要国に対して影響を与えている。

ＢＯＥによる中央銀行デジタル通貨への取組みも、イノベーションの先進性によるロンドンの国際金融センターとしての競争力強化の一環として位置づけられている面がある。実際、ＢＯＥが公表した「Future of Finance」と称する文書[5]の中では、金融サービスのデジタル化を通じて銀行業が変化していく可能性を議論するとともに、ロンドンが国際金融センターとしての競争力を維持していく上で、ＢＯＥがインフラ整備に努めることの重要性を指摘している。

ＢＯＥがデジタル通貨の発行に関する調査研究を重視したことのもう一つの背景は、国際通貨体制に関する問題意識である。

この点を明確に示したのは２０１９年のカーニー総裁（当時）による講演[6]である。

ちなみにこの講演は、市場関係者が米国の金融政策を展望する上で注目するカンサスシティ連銀主催のジャクソンホール・コンファレンスで行われたためか、あまり注目されなかった印象もある。しかし、中央銀行によるデジタル通貨の意義について、国際金融の観点から興味深

図表4-2　米ドルの国際金融におけるシェア

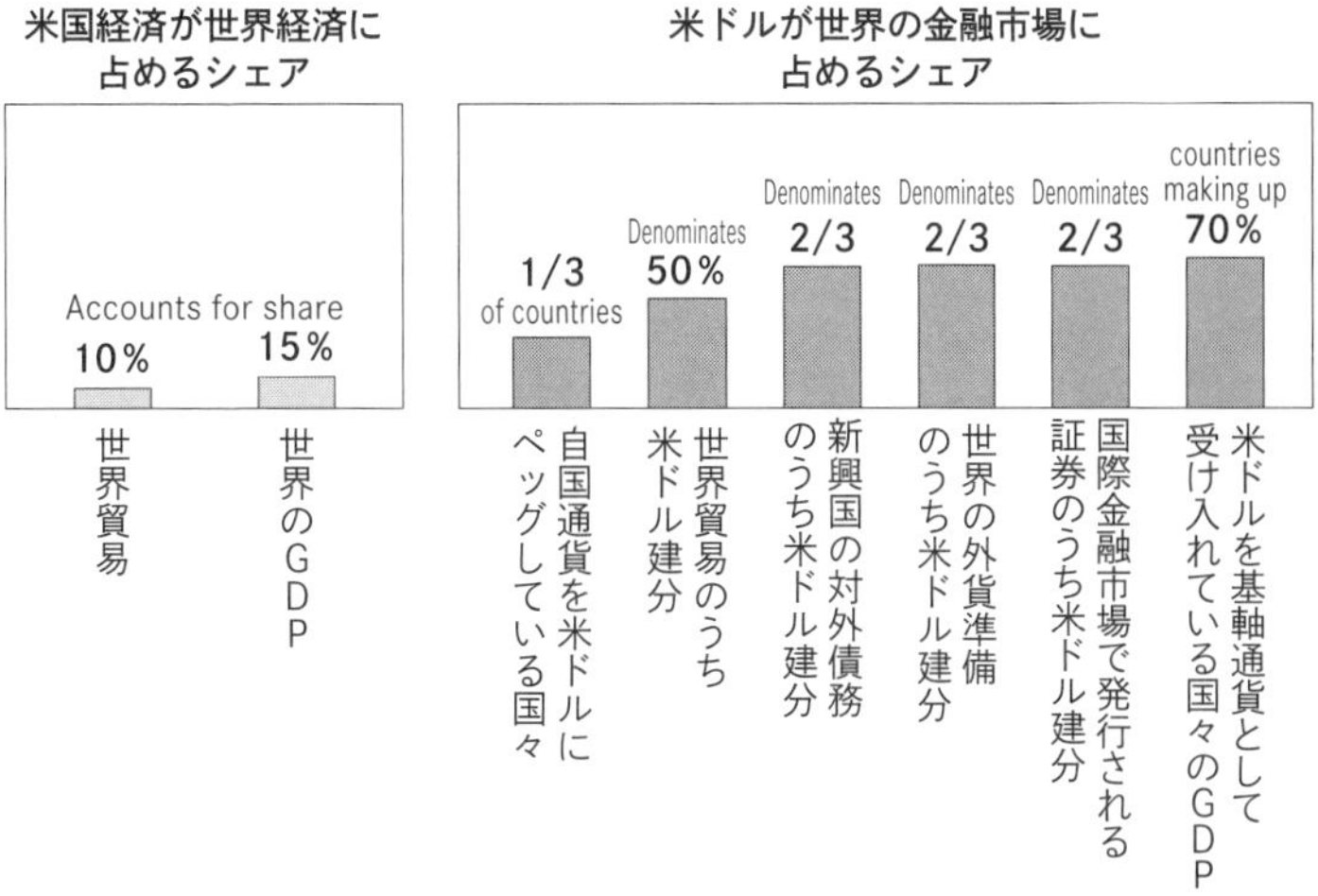

資料：Carney (2019)

い議論と提案を行っている。

カーニー総裁（当時）が提起した問題は、米国経済の相対的な地位が低下しているにもかかわらず、米ドルが国際通貨として圧倒的な地位を維持し続けていることである。中国やインドを中心とする新興国の台頭に伴って、世界のGDPに占める米国のシェアは今や1割強に過ぎない。その一方で、カーニー総裁（当時）が示したデータによれば、国際金融取引における米ドルのシェアは、取引額でみても資産や負債の残高でみても、依然として6割を超えている。

米ドルが国際通貨としての地位を維持していることは、第1章でみたように、高い流動性と米ドル建資産と負債の巨大な市場が存在することと、いわば「鶏と卵」の関係を有しており、その点で経済合理性に裏打ちされている。

一方、有力な対抗候補と期待されたユーロは、少なくともこれまでは、域内の政治的不安定性や経済の相対的弱さなどのために、国際通貨としての信認の向上に時間を要している。人民元も、第2章で詳しく議論したように、当面はクロスボーダー取引に関する規制緩和が難しいだけに、国際通貨としての競争力を発揮しにくい。

カーニー総裁（当時）は、国際通貨を巡るこのような競争の欠如だけでなく、一国の通貨に過ぎない米ドルが国際通貨となっていることの副作用も改めて提起した。実際、米国の中央銀行である連邦準備理事会は、あくまでも米国の金融経済に即して金融政策を運営するが、その結果、世界中で取引されている米ドル建ての資産や負債の価値も変動するので、それらを使用する国々の金融経済にも大きな影響を及ぼすことになる。

リーマンショックのように、世界の金融経済が同時に打撃を受けている状況では、米国の金融経済を下支えするためのＦＲＢの金融緩和が、結果的に世界の金融経済を救うという、いわば「正の外部効果」も生じうる。

一方で、米国の金融経済にとって必要な金融緩和が、既に緩和的な金融環境にある海外の他国で資産価格バブルを発生させるという、いわば「負の外部効果」もありうる。あるいは、米国の金融経済にとって過熱を抑えるために必要な金融引き締めが、既に景気後退に陥っている海外の他国で経済活動をさらに下押しすることもありうる。

もちろんこうした副作用は、ブレトンウッズ体制の崩壊以降、既に長年にわたって議論されてきたし、理論的には、米国以外の国々は変動相場制を採用することで自国の金融経済への影響を抑制しうる。しかし、そのためには為替レートの相応の変動を許容せざるを得ないだけに、国内産業への影響を考えると、そうした選択肢は経済的にも政治的にも現実的でない面も多い。

これらの点を踏まえると、一国の通貨に過ぎない米ドルを国際通貨として使い続けるのでなく、新たな国際通貨を導入することの合理性や必要性が増加しているというのがカーニー総裁（当時）の主張であった。そのための手段として、複数の主要国の金融資産を裏付けとするデジタル通貨――カーニー総裁（当時）はこれを「ソブリン・マネー」と称した――を例示したわけである。

BOX　ケインズの「バンコール」構想

第二次世界大戦後の国際通貨システムに関する米英両国の協議で、英国側の代表であったケインズが提唱した「バンコール」は、クロスボーダー取引における「支払や決済の手段」としての使用が想定されていたわけではない点で、厳密な意味での国際通貨ではない。主たる目的は固定相場制の下における貿易不均衡の是正にあり、貿易黒字国と貿易赤字国が国際決済同盟に対して各々蓄積する「バンコール」の資産と負債に上限を設け、それを逸脱した場合に固定為替相場の調整や罰金の支払を強制することで、貿易不均衡が蓄積する事態を防ごうとする仕組みであった。

結果的には、上記の協議で米国側の代表であったホワイトの提唱に基づいて国際通貨基金（IMF）が創設され、その下で実質的に「価値保蔵（外貨準備）の手段」の機能を有する特別引出し権（SDR）が導入された。しかし、新たな固定相場制（ブレトンウッズ体制）の下で、米国が金地金と米ドルとの固定比率での交換を保証する一方、その他の国々は自国通貨と米ドルとの交換比率を一定に維持する枠組みが採用されたため、米ドルは米国経済にとっての自国通貨であると同時に、「支払や決済の手段」と「価値保蔵の手段」、「価値の計算単位」の三つの機能を兼ね備えた国際通貨となった。

ブレトンウッズ体制は、米国の財政赤字の拡大とインフレの加速によって米ドルへの信認が毀損したことで1970年代初頭に崩壊したが、その後も米ドルは上記の三つの機能の面で国際通貨の地位を維持している。このため、米国の金融経済にとって適切な米ドルの供給と、国際金融システムにとって適切な国際通貨の供給とが必ずしも一致しないという問題は残存している。実際、世界金融危機の際にも、米ドルの国内での過剰供給が資産価格バブルを招き、その影響が国際通貨である米ドルを使用する国々に波及したとの批判がみられた（例えば、周（2009）を参照）。

こうした不満が生ずるたびに「バンコール」構想への言及が増えることは、上記のように「バンコール」が国際通貨としての使用を目指したわけではないことを考えると、必ずしも的を射た議論とは言えない面がある。ただし、「バンコール」の提案を通じてケインズが主張したように、貿易黒字国と貿易赤字国が平等に不均衡是正のための努力を行うべきという考え方は、米国の金融政策を通じたドル供給に一定の規律を求める点で、現在も大きな意味を持っている。

皮肉なことに、その基本的なスキームは第1章でみた「リブラ構想」と同じであり、いわば公的な「ステーブルコイン」ともいうべき案である。

この枠組みの下では、FRBが金融政策を変更しても、「ソブリン・マネー」の裏付けとなる準備資産の価値への影響は限定的に止まるだけに、「ソブリン・マネー」を国際通貨として使用する他国の金融経済への影響も当然に抑制される。つまり、各国の中央銀行は自国の金融経済の状況に即した金融政策を運営しやすくなる。

そうしたメリットの反面、この「ソブリン・マネー」を誰がどのように運営するかという点は、必ずしも簡単な課題ではない。[7]

金融政策の運営は各国の中央銀行に完全に委ねて、「ソブリン・マネー」を用いた金融政策は行わないとしても、世界経済が成長しクロスボーダー取引が拡大するにつれて、「ソブリン・マネー」の需要が高まっていくのに対し、その供給が適切に対応できなければ、「ソブリン・マネー」と各国通貨との為替レートが不安定化したり、クロスボーダー取引の実行に支障が生じたりしかねない。さらに、世界金融危機のような局面では、「ソブリン・マネー」に関する「最後の貸し手」の機能を確保することも不可欠である。

いずれにしても、英国における中央銀行デジタル通貨への取組みは、中国やスウェーデンのような先行事例に比べて、ユニークな問題意識に基づくものであることがわかる。

本節の最後に、中央銀行デジタル通貨の基本設計に関してKumhof氏とNoone氏がＢＯＥのワーキングペーパーとして２０１８年に公表した論文[8]の概要を説明しておきたい。この論文は、中央銀行デジタル通貨の政策面での設計に関する代表的な議論として引用されることも多く、本書の後半で中央銀行デジタル通貨のあるべき姿を議論する上でのベースとしても重要である。

この論文は中央銀行デジタル通貨を、銀行券の代替を超えて家計や企業の支払や決済に広範に使用される手段と位置づけ、付利の可能性を含めて検討している。この点では、先に見たＥＣＢのBindseil氏による論文と同様な想定である。その上で、中央銀行デジタル通貨が満たすべき「コアな原則」を四つ提示している。

第一に付利を柔軟に変化させるべき点である。つまり、支払や決済に伴う中央銀行デジタル通貨に対する需要の変動に対して、中央銀行デジタル通貨への付利水準を調整させることで需給を均衡させることが望ましいと主張している。その理由として同論文は、付利の調整でなく供給量の受動的な調整で応じた場合には、通貨量の安定を通じた物価安定という、中央銀行の本来の政策目的の達成に支障が生ずることを挙げている。

こうした議論は合理的であるが、中央銀行デジタル通貨に対する需要は金融システムにストレスが生じた場合にも高まるはずであり、その場合に中央銀行がどう対応すべきかは別な課題として存在する。

本論文が掲げる第二の原則はこの点に関わり、中央銀行当座預金と中央銀行デジタル通貨との交換に制限を課すべきとしている。なぜなら、民間銀行が顧客の要求に応じて銀行預金と交換に中央銀行デジタル通貨の入金を行う場合、中央銀行デジタル通貨を確保するために中央銀行当座預金を取り崩すと、民間銀行間での中央銀行当座預金を介した決済に影響が生じ、システミックなリスクに発展しうるからであるとしている。

本論文は、さらに、中央銀行デジタル通貨と中央銀行当座預金との差別化を図ることによるメリットとして、各々違う水準の付利が可能になるという意味で、中央銀行は金融政策のために新たな手段を入手しうると主張している。しかも、金融危機への対応に際しても、ケースや局面に応じて各々の付利水準を調整できるという意味で柔軟性が生まれると主張している。

中央銀行当座預金は民間金融機関同士の決済手段である一方、中央銀行デジタル通貨を家計や企業による支払や決済の手段と位置づけるとすれば、両者の性格は本質的に異なる。また、本論文が懸念するように、これら両者の交換を無制限に認めると、中央銀行当座預金に対する需給が、家計や企業による支払や決済を巡る状況によって大きく左右されうることも事実である。

本論文の主張の背後には、中央銀行デジタル通貨の導入を契機に、既存の金融システムが抱える脆弱性を解消しようという意識があるとみられる。それ自体は評価すべき視点ではあるが、金融システムにストレスが生じた場合にも両者の交換に対する制限を維持しうるかという問題だけでなく、本論文も認めるように、中央銀行当座預金と中央銀行デジタル通貨を別なシステムとして構築し、維持するためのコストをどう考えるかといった視点も必要となろう。

本論文が掲げる第三の原則は、銀行預金と中央銀行デジタル通貨との交換を保証すべきでないという点である。この点は、上に見たシステミックリスクの波及メカニズムを断ち切る上で当然に必要となるし、少なくとも理屈の上では現在の金融システムと同じである。

つまり、中央銀行デジタル通貨が存在しない現在でも、民間銀行が顧客の要求に応じて銀行預金を引き落として銀行券の払出しを行う場合、銀行券を入手するために中央銀行当座預金を取り崩してしまえば、本論文が懸念するように民間銀行同士での決済を通じたシステミックリスクは生じうる。

そこで、中央銀行デジタル通貨の導入後に、銀行預金と中央銀行デジタル通貨との交換を保証してしまうことは、中央銀行が民間銀行に対して中央銀行デジタル通貨を受動的で無制限に供給することを実質的に約束していることを意味する。なぜなら、民間銀行は家計や企業による大規模な銀行預金の引き出しに直面した場合、最終的には中央銀行による中央銀行デジタル通貨の供給に依存せざるを得なくなるからである。

こうしたストレスを軽減する方法として、本論文は、中央銀行がデジタル通貨に対する付利を引き下げることや、家計や企業がノンバンク等の民間銀行以外の主体から中央銀行デジタル通貨を入手する可能性を指摘している。もちろん、これらは、ストレスが局所的であったり軽微であったりする場合は有効かもしれないが、金融システム全体に対するシステミックなストレスの場合は有効な対応策とならないかもしれない。

本論文による最後の原則は、中央銀行が適格な金融資産との交換のみを通じて中央銀行デジタル通貨を発行すべき点である。この点は既にみた諸原則に伴って他の選択肢を消していった結果として当然の内容であろう。また、本論文が強調するように、銀行預金が中央銀行デジタル通貨への交換のために大量に引き落とされる結果、民間銀行による金融仲介に支障が生ずるといった事態は抑制されうる。

その上で本論文は、中央銀行によるデジタル通貨の発行を民間銀行に対してのみではなく、ノンバンクのような主体に対しても、同様に資産買入れの対価として行う可能性を考慮している。この点は第三の原則との関係で、家計や企業が民間銀行を経由しない形で中央銀行デジタル通貨を入手する可能性を確保する上で意味を持つ。また、結果として、家計や企業による支払や決済の手段としての中央銀行デジタル通貨の仲介に、ノンバンクも役割を担う可能性に道を開く。

このように、本論文にはいくつか議論の余地も含まれるが、中央銀行デジタル通貨を現在の金融システムに対して円滑に導入する上での多くの示唆に富んだ論考となっている。ＢＯＥが新総裁を迎え、Brexit も実施段階にシフトしていく中で、カーニー総裁（当時）が掲げたデジタル通貨への取り組みがどのように継承されるかが注目される。

BOX イングランド銀行によるデジタル通貨の検討ペーパー

イングランド銀行（ＢＯＥ）は、２０２０年３月末に「一般目的型」のデジタル通貨に関する考え方をディスカッション・ペーパーとして公表するとともに、パブリックコメントの受付を開始した（同年６月12日締切り）。本書の原稿の完成後であったので、ＢＯＸの形でその内容や意味合いを検討したい。

このディスカッション・ペーパーは、まず、ＢＯＥによる中央銀行デジタル通貨に対するアプローチが、①展望と課題の理解、②満たすべき原則の設定、③通貨自体とそのためのインフラの設計、④技術の選択の四点からなると整理した。このうち③は、提供主体やその方法、メリットや利便性の確保、付利や上限額、他の資産との交換可能性の設定をポ

図表4-3　中央銀行デジタル通貨による貢献

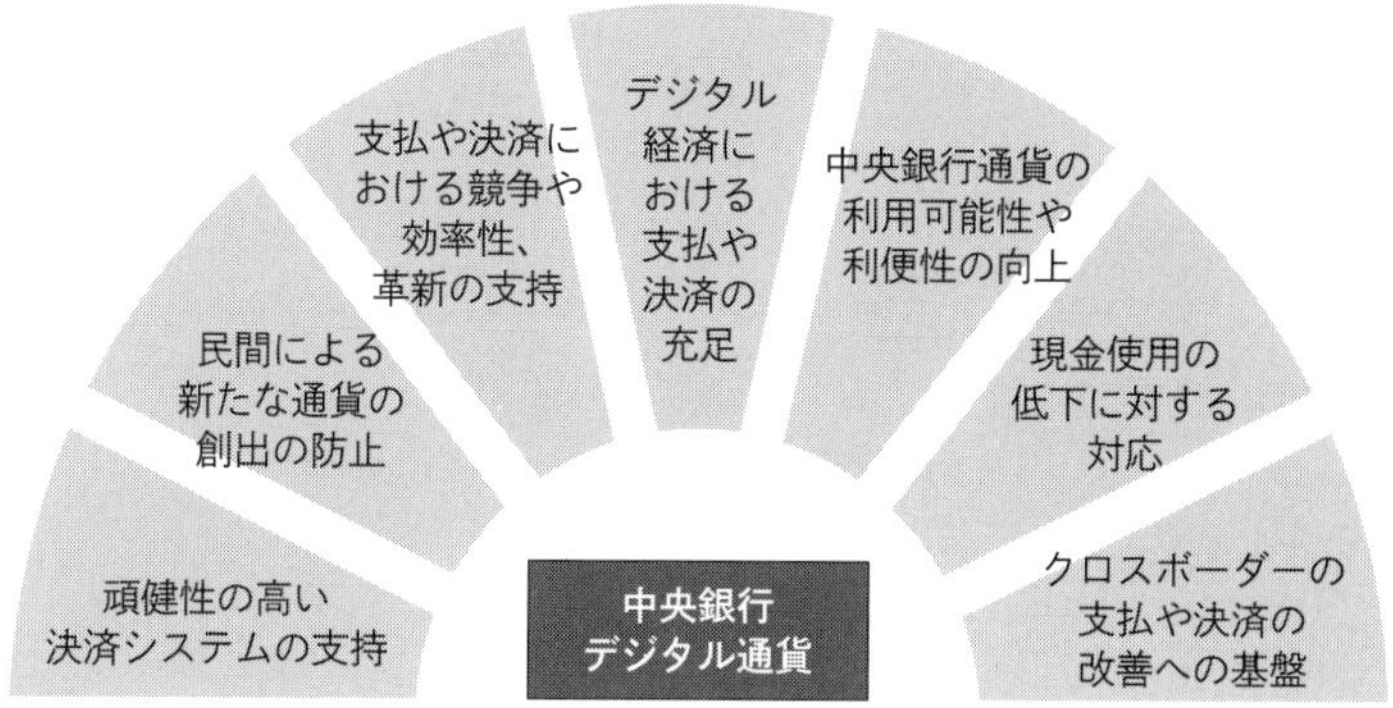

資料：Bank of England（2020）に基づき著者作成

イントとして挙げた。

その上で①については、中央銀行通貨の入手しやすさや利便性を改善し、民間業者の「ステーブルコイン」のような試みを防ぐとともに、頑健性が高く革新的で競争的な支払や決済の環境に繋がると評価し、全体として金融政策や金融システム安定策に資するとした。一方で、「ステーブルコイン」は価値の喪失リスクが残ると指摘し、信用リスクや流動性リスクのない中央銀行デジタル通貨の優位性を強調した。また、決済手段が集約されることに伴うリスクの集中などを課題として挙げた。

次に②については、具体的な使用例を念頭に置いて設計する必要性を確認した上で、家計や企業が迅速で効率的で信頼性の高い支払や決済を行いうるようにすべきとの考えを示した。加えて、BOE単独での開発では競争やイノベー

図表4-4　中央銀行デジタル通貨が満たすべき原則

原則	ポイント		
信頼性と頑健性	●頑健性 ●量的拡張性	●安全性 ●法制面の順守	●利用可能性 ●秘匿性
支払や決済の迅速さと効率性	●迅速さ ●金融包摂	●ユーザー親和性 ●透明性	●効率性
革新性と競争促進	●比較優位に基づく分担 ●相互運用性	●競争促進 ●技術的発展性	

資料：Bank of England（2020）に基づき著者作成

ションに寄与せず、民間の優れた能力の活用ができないと指摘し、官民協力の重要性を強調した。そして、中央銀行デジタル通貨が満たすべき原則を、「信頼性と頑健性」、「（支払や決済の）迅速さと効率性」、「革新性と競争促進」の三点に集約した。

これらを踏まえて③については、⑴デジタル通貨を発行し管理する中央銀行（コア・レッジャー）、⑵家計や企業といった最終ユーザー、⑶両者を仲介してデジタル通貨を用いた金融サービスを提供する業者（ペイメント・インターフェイス・プロバイダー）の3層構造を提示した。このうち⑶は、決済システム安定や消費者保護の観点から当局の監督に服し、個人や取引内容の認証に関する責務を負いながら、ユーザーや取引に関する情報を支障ない範囲で中央銀行から入手して金融サービスを行うことを想定した。また、業者間での相互接続性の確保や、支払や決済に関する情報の標準化なども課題として挙げた。

一方で政策面では、家計や企業の保有するデジタル通貨に直接的な影響を及ぼしうる点で、金融政策の新たな手段が得られる可能性を示唆した一方、銀行預金との代替に伴う金融仲介への影響を重要な課題として指摘した。後者に関しては、デジタル通貨に対する付利の水準とその階層化や、残高に対する上限額の設定といった対策を示唆したほか、商業銀行のバランスシートの不安定化には銀行監督で対応するとし、中央銀行デジタル通貨の導入に伴う金融システム全体の頑健性の向上のメリットも確認した。

最後に④については、あくまでも上記②の原則に沿って使用する技術を選択すべきとの考えを示した。その上でDLT（分散型台帳技術）は、決済システムの頑健性やデジタル通貨の入手しやすさに寄与しうるが、支払や決済の処理能力や情報の秘匿性、セキュリティの面で問題があるとし、アプリオリにDLTを使用するわけではないとした。もっとも、将来の展望として「スマートコントラクト」の可能性を提示したほか、利便性や処理能力に配慮しつつ暗号技術を活用する必要性も確認した。

これらの議論を踏まえて、BOEは今後、中央銀行デジタル通貨について、決済システムや金融政策、金融システム安定策に対する影響を把握し、機能や内容を検討し、技術を選択するという段階に進むとの考えを示した。併せて、これらのテーマに関する35の質問を示し、関係者からのコメントを求めている。

このディスカッション・ペーパーの公表は、カーニー総裁（当時）が強調したように、

ＢＯＥとしてデジタル通貨の導入を決定したことを意味するわけではく、上記の内容も「青写真」ではない。しかし、ＢＯＥ内の専門家の個人名で公表された多くの論文と異なり、ＢＯＥが組織として公表した点で公式見解である。しかも、カーニー総裁（当時）の退任を前に調査研究の総括を行った可能性がある一方、パブリックコメントを求めている点で今後の取組みに繋がる意味合いもある。

上にみたように、具体的な論点や主張は本文で検討した欧州諸国や中国での議論に概ね沿った内容であり、その意味で新味に乏しいとも言えるが、逆に言えば、英国の金融システムへの実際の導入を念頭に置いた現実性のある内容になっているとも言える。また、ＡＰＩ的な情報の還元やペイメント・インターフェイス・プロバイダーの発想は、本書の後半で議論する日本の展望においても参考にすべき視点と言える。

2　スイスでの議論

中央銀行デジタル通貨に関するスイスでの議論を検討する上では、まず、２０１８年に同国の国民投票によって否決された「ソブリン・マネー」についてみておくことが有用である。

スイスの金融システムも先の国際金融危機によって大きな影響を受けた。なかでも、最も大規模な二つの金融機関は、米国を中心とする海外市場での投資銀行業務で深刻な影響を受けたため、政府の資本注入の下で不良債権の切り離しや不採算部門の整理などを余儀なくされた。[10]これに対し国民からは、主としてスイス国外でのビジネスに起因する問題であったにもかかわらず、公的な支援を受けたために、なおさらに厳しい批判を受けることになった。

その後も、スイス国内の家計や企業に対する金融サービスは、州銀行（canton bank）のような地域金融機関が主たる役割を担い続けたのに対し、大手行による国内回帰は進まず、高水準の役員報酬が維持される中で、海外当局から次々に法令違反の摘発を受け、多額の罰金を納付する状態が続いた。このため、スイス国民による銀行批判にはむしろ強まる状況であった。

こうした世論を背景に、Vollgeld Initiative という団体は「ソブリン・マネー」の構想を提示し、２０１６年頃から請願を繰り返した後、２０１８年には多数の署名を集めて国民投票の実現に漕ぎつけた。この構想は、本書の文脈に即して言えば、スイスの中央銀行であるスイス国民銀行（ＳＮＢ）が、民間銀行の預金を完全に代替する形でデジタル通貨を発行し、家計や企業に対する金融仲介も直接に担うことを目指すものであった。[11]つまり、大手金融機関による国内顧客への「貸し渋り」を解消するには、中央銀行が貸出に直接に関与することが必要と主張したわけである。

直接民主制の下にあるスイスでは定例的に国民投票が行われる点[12]を考慮しても、この案が実際に国民投票にかけられたことは、スイス国民による銀行批判の強さを象徴する事実として、欧州では大きく報道された。加えて欧米の主要国の研究者の間では、この提案に触発される形で、いわゆる「ナローバンク」を再検討する動きが広がった。[13] それらの議論は、中央銀行デジタル通貨を巡る議論にも少なからぬ影響を与えている。

こうした国民投票に際しては、議会の与党だけでなく、SNBやスイスの金融監督当局であるFINRAも強力な反対運動を展開した。

その理由は言うまでもなく、SNBのような公的な主体が家計や企業に対する与信を直接に行うことは、知見や情報の点で民間金融機関に劣後しているだけでなく、政治的な影響を受けやすい点も含めて、資源配分の歪みを招き、スイス経済の活力を損なう恐れが大きいからである。結果として、SNBが多額の不良債権を抱えることになれば、中央銀行と金融政策に対する信認が失われ、金融システムの不安定化にも繫がりうる。[14] これらは、第2章で中国人民銀行について議論したのと同じ論点である。

BOX

スイスの「ソブリン・マネー」構想が明らかにした金融仲介のポイント

「ソブリン・マネー」構想の概要は本文で見た通りであるが、この論争を通じて改めて明らかになったのは、銀行による金融仲介を巡る理解の混乱である。

銀行は自らの負債である預金に入金することで、借り手に対する与信を行うことができる。なぜなら、平時には銀行預金が支払や決済の手段として広範に使用されるからであり、これは他の業態の金融機関にない銀行固有の特徴である。しかし、だからと言って銀行は無制限に与信を行って預金を創出できるわけではない。借り手がさらに別の家計や企業に対する支払や決済に使用する際、そうした家計や企業が別の銀行に保有する預金に入金しようとすれば、最初に与信を行った銀行は別の銀行に対して資金を支払う必要がある。これは最終的には双方の銀行が中央銀行に持っている当座預金の振替によって行われるので、最初に与信を行った銀行はその資金を中央銀行当座預金に保有していなければならず、不足しているのであれば資産を売却したり、市場から調達したりする必要があるからである。こうした行為は明らかに無制限に行えるわけではない。

「ソブリン・マネー」の提唱者が着目したように、銀行は自らの債務である預金を発行することで与信を行いうるという事実は正しいが、だからと言って、無制限に与信を拡張できることがバブルを招くという主張は正しくない。

ただし、現在の先進国のように中央銀行が大規模な量的緩和を実施した結果、銀行が大量の超過準備を保有している状況では、上記のメカニズムが働きにくいことは事実である。それでも、上記の例で最初に与信を行った銀行は、創出した預金がどのように使用されたかにかかわらず、与信に対する信用リスクを負うことには変わりがない。その意味で、現在のような状況では、中央銀行当座預金の希少性よりも、信用リスクに対する慎重な判断の方が無制限な与信の拡大に対する実質的な歯止めになっていると理解すべきであろう。

2018年6月に実施された国民投票では、「ソブリン・マネー」の構想は、3割強の賛成しか得ることができずに廃案となった。SNBやFINRAはこれを歓迎する声明を公表したが、当時、この論争をフォローしていた筆者[15]にとっては、むしろ3割強の支持を得たことが印象的であった。実際問題として、一般的な家計や企業経営者が、中央銀行による直接的な与信の弊害をどの程度正しく認識していたかは不透明であるが、少なくともスイスの有権者の間では、民間金融機関による与信に対する不信感が根強いことが示唆されたわけである。

「ソブリン・マネー」の構想自体はこうして破棄されたが、スイス政府は、国民の請願に対応する形で、より一般的な形で中央銀行デジタル通貨を発行する意味があるかどうかを改めて検討し、その結果を2019年12月に対外公表している[16]。

その結論は、現時点で「一般目的型」のデジタル通貨を中央銀行が発行しても同国にとってメリットがないという否定的なものであり、SNBもこうした評価を共有しているとしている[17]。

つまり、中央銀行デジタル通貨の導入が、国民による金融サービスへのアクセスを改善し、価値の毀損の恐れが少ない支払や決済の手段を提供することで、決済や金融政策の効率性、金融システムの安定に寄与するとの意見があることを認めつつ、実際にはそうした効果を発揮することが難しいと評価した。

なぜなら、スイスの場合には「金融排除」の問題は深刻でなく、銀行券が引続き幅広く使用されているほか、銀行預金の価値は政策当局による銀行の監督や支援と預金保険によって万全に維持されているからであるとした。また、現在の支払や決済のシステムはクロスボーダー取引を含めて十分に効率的であり、改善の余地があるとしても、既存の複数のシステムの相互接続性の向上によって対応しうるとした。

政策面でも、デジタル通貨の導入によってSNBに新たな政策手段が生ずるわけではなく、[18]金融システムにストレスが生じた場合の「デジタル預金取付け」を急激なものにしやすい点で、金融システムの安定にも寄与しないと主張した。さらに、マネーロンダリングやテロ資金の防止に関しても、現在の金融機関を通じた規制や監督は機能しており、むしろ、デジタル通貨の導入は、その設計如何では、こうした不適切な目的に使用されるリスクもあると指摘した。

最後にこの報告書は、少なくとも現時点ではSNBによるデジタル通貨の導入は「大口型」に焦点を絞るべきとの考えを示し、こうしたシステムが有価証券の受渡しや保管の効率性を高める面で有用である可能性を示唆するとともに、実証実験等によって、そのメリットを発揮しうる技術が利用可能な状況にあるかどうかを確認すべきとした。

他の欧州諸国で、「一般目的型」のデジタル通貨の可能性を模索する動きがみられる中で、スイス政府とSNBがこのように否定的な考えを示したことは、それ自体興味深い。もっとも、ECBやBOEも「一般目的型」のデジタル通貨を直ちに導入すべきと考えているわけではないという意味では、意見の隔たりは印象ほどには大きくないかもしれない。また、上にみた国民投票の経緯を考えると、スイス政府が議論の流れをいったん断ち切っておきたいと考えたとしても、それ自体は合理的である。

その上で、この報告書が取り上げたユニークな論点は、デジタル通貨の導入によって、グローバルな投資家による「質への逃避」の行動に拍車がかかる可能性である。スイスフランは、日本円と同じく「安全資産」と位置づけられ、国際金融システムにストレスが生じた場合には、いわゆる「質への逃避」の対象になりやすい。国内金融市場の規模が比較的小さいスイスの場合には、急激で巨額な資金流入によって国内の金融システムにストレスが生じやすいだけでなく、為替レートの急激な増価を通じて、輸出の国際競争力の低下や輸入デフレ圧力にも繋がりやすいわけである。

スイスがこの問題をどれだけ重視しているかは、SNBが他の主要国の中央銀行と同じくインフレ目標を掲げながらも、国際金融システムの状況によっては、スイスにとって最大の貿易相手先であるユーロ圏との為替レート——つまりEUR／CHFレート——を為替介入によって一定に保つことを明示的な政策目標とする状況[19]が実際に生じた事実が明確に示している。

報告書も、こうした状況を踏まえながら、デジタル通貨の使用が非居住者にも開放され、かつ残高や使途に限度を設けない場合には、デジタル通貨に対する付利が極めて低位であっても、デジタル通貨の活用によって、「質への逃避」が従来よりも急激かつ大規模に生ずる恐れに強い警戒感を示した。

スイス政府が懸念を示したこの問題は現在でも既に生じており、デジタル通貨の導入に伴ってそれが急激ないし大規模になりうるかどうかが本質的なポイントであるという意味では、第8章で詳しく議論する「デジタル預金取付け」の問題と似ている。

また、実際の深刻度合いは、デジタル通貨の枠組みや運用によっても変化しうる。例えば「質への逃避」のリスクが高まった場合には、デジタル通貨の保有残高の上限を少額に抑えることは設計上可能であるし、そもそも「一般目的型」のデジタル通貨を念頭に置いている以上、家計や企業による支払や決済に必要な範囲としての上限設定には合理性がある。

しかも、報告書が懸念する事態は、実際には「大口型」[20]のデジタル通貨を用いた民間金融機関によるスイスフラン投資を通じて生ずる可能性が大きく、したがって「大口型」の設計においてより重要な課題となるはずである。

いずれにしても、スイス政府の報告書が提起しているのは、特に複雑で発達した金融システムを有する主要国にとっては、デジタル通貨の導入の是非だけに焦点を当てて議論するのでなく、デジタル通貨の設計や運営まで考慮に入れた上で適否を判断すべきという原則である。まさに「悪魔は細部に宿る」ということである。

■注■

1 Bank of England（2015）を参照。

2 5本目のテーマのうち、中央銀行デジタル通貨以外のものとしては、高齢化や気象変動が経済や金融に与える影響などが挙げられている。

3 例えば、Broadbent（2016）を参照。

4 各種のサーベイ調査によれば、Brexit にかかわらず、ロンドンはニューヨークと拮抗する水準の国際金融センターであるとの評価を受けることが多い。例えば Z/Yen（2019）を参照。

5 Bank of England（2019）を参照。

6 Carney（2019）を参照。

7 米英の代表者が第二次世界大戦後の国際通貨体制を検討する中で、論点となった課題でもある。

8 Kumhof and Noone（2018）を参照。

9 第3章でみた Bindseil 氏による論文では、中央銀行デジタル通貨と民間銀行預金との間での付利の差異を議論していことに注意する必要がある。

10 この点に関する経緯の概要はＳＮＢ（２０１０）を参照。

11「ソブリン・マネー」構想の詳細は、例えば Bacchetta（2018）を参照。また、本構想の支持母体であるVollgeld Initiative のウエブサイト（英語）は https://www.vollgeld-initiative.ch/english/

12 スイスにおける国民投票に関する規定（18カ月以内に10万人の署名を集める等の条件）は、スイス政府のウエブサイト https://www.ch.ch/en/demokratie/political-rights/popular-initiative/ を参照。

13 その過程で再評価されたのが、Kumhof and Benes（2012）である。この論文のタイトルである「シカゴ・プラン」とは、F. Knight や I. Fisher らが、1920年代末の大恐慌の経験を踏まえて、「ナローバンク」の導入を提唱した構想を指している。「ナローバンク」の構想は大きな金融危機の後に注目される傾向がある。
14 SNBによる反論は、例えばSNB（2018）を参照。
15 筆者自身による当時の評価は井上（2018）を参照。
16 スイス政府による対外公表文は Federal Council（2019）を参照。
17 SNB自身の考え方は Jordan（2019）を参照。
18 例えば、SNBが既に実施しているマイナス金利政策を強化する余地についても、価値保蔵の抜け道となる銀行券の廃止または価値の割引といった措置が必要であり、そうした措置に賛同する議論は見られないとした。
19 例えば、欧州債務危機後の2012年9月～2015年1月まで、SNBはEUR／CHFレートが1・20を超えてスイスフラン高にならないようにすることを政策目標としていた。
20 世界金融危機や欧州債務危機の際に、スイスフラン建ての金融資産に「逃避」した資金のほとんどは、民間金融機関同士が取引を行う銀行間市場を通じて流入した。例えばSNB（2010）を参照。

第5章 中央銀行によるデジタル通貨発行の基本的発想

「リブラ構想」が提起した問題を含めて、現在の金融システムが抱える課題を解決する上で、中央銀行によるデジタル通貨の発行は有効な対応策を提示することができる。本章では、これまでにみてきた海外主要国での議論を踏まえながら、そうした目的を達成する上で重要となる考え方を整理していく。

1 新たなインフラの整備

主要国では、民間金融機関同士の取引だけでなく、家計や企業に対する金融サービスの面でも急速にデジタル化が進行している。それでも、中央銀行がデジタル通貨を発行することの意義は存在する。

中国やスウェーデンでの議論が示唆しているのは、金融サービスのデジタル化によってもカバーできない層に対する社会政策的な意義である。支払や決済に関するデジタル化がスマートフォンやQRコードの使用を前提とする場合、家計や企業がそうした技術を民間ベースで活用する上では、ITリテラシーや導入コストの面で一定のハードルが残りうる。長い目でみればそうしたハードルは徐々に下がるとしても、中国を含む主要国では高齢化が進行しているだけに、少なくとも当面はこうした問題への対応が重要である。

また、主要国を念頭に置いた場合、民間銀行に口座を保有できないという本来の意味での「unbanked」層の存在は相対的に重要な問題でないとしても、例えば、キャッシュレスの主たる手段がクレジットカードである国の場合には、与信面でクレジットカードを使用できない層が存在することは事実である。主要国でも所得や資産の格差が拡大する中で、与信を伴う支払や決済のデジタル化へのアクセスが困難な層が将来に向かってむしろ増加し、徐々に深刻な制約となることも考えられる。

さらに、日本を含む主要国では人口の減少も並行して進んでいるだけに、スウェーデンのように極端な状況でなくても、人口密度の低い地域の家計や企業に対して銀行券を含む支払や決済の手段を提供し続けることを、民間業者による金融サービスとして維持し続けることには限界がある。低金利環境が継続する下では、この問題も一段と深刻化しうる。

したがって、中央銀行のような公的な主体が、低廉な利用コストでアクセスの容易なデジタル通貨を発行して、中央銀行の信用に基づく安全性の高い支払や決済の手段として、家計や企業の利用に供することには合理性がある。しかも、これは銀行券の発行を通じて現在の中央銀行が提供している公共性の高い決済サービスの延長線上にある。

先にみた「リブラ構想」はこうした問題を民間側から解決することを標榜した。しかし、その結果として本人確認や取引確認が過度に簡素になり、マネーロンダリングやテロ資金、脱税などに利用されたり、個人情報や取引情報が本人の合意がないなどの形で不適切に使用されたりする懸念が生じたりしたわけである。

この点からは、公的な主体による本人確認や個人情報の適切な管理という、中央銀行デジタル通貨のもう一つの合理性が浮かび上がる。中央銀行デジタル通貨は、導入当初から公的当局としての信認を備えた形で運営することが可能であるし、将来的には、主要国の公的主体が運営している個人認証の仕組みとの連携もより円滑に推進しうる。

もちろん、厳格な本人確認や個人情報や取引情報の適切な管理を民間金融機関に行わせ、それを金融当局が間接的に規制し監督するという現在の枠組みを維持する選択肢も存在するし、少なくともこれまでと同様な水準での有効性を期待できる。

しかし、現在の金融システムには、経済学者であるRogoff氏が『現金の呪い』（２０１６）[2]で指摘したように、匿名性の特徴を有する銀行券が大きな抜け道を提供している。

例えば、家計や企業の支払や決済のデジタル化が着実に進行しているにもかかわらず、米ドル紙幣の発行が堅調に増加している理由として、マネーロンダリングやテロ資金の防止のための本人確認や取引確認が強化されてきた結果、銀行券の匿名性という特徴が、一部の利用者にとってむしろ魅力を増しているという、皮肉な事実が指摘されることも多い。[3]中央銀行デジタル通貨によって、銀行券を置換することにはこの点で明確な合理性がある。

また、本人確認や情報管理の適切な実施を民間金融機関に実施させるための監督のコストも、当局と民間金融機関の双方において無視しえない。主要国の金融当局が要求する内容が高度化し続けている点は、例えば、私たちユーザーが海外送金を行う場合に実感する通りである。[4]こうした社会的コストは、今後、小口の海外送金に関するサービス提供を、民間金融機関だけでなく、より幅広い民間業者に認めるようになるのであれば、一層拡散していく可能性もある。

一方で、収集した個人情報や取引情報を公的当局が抱え込んでしまうことも、決して適切とは言えない。民間業者が様々な創意工夫を通じて金融サービスを効率化し高度化する上では、個人情報や取引情報の分析が有用だからである。このため、デジタル通貨を発行する中央銀行は、利用者の合意や匿名化といった適切な対応を伴った上で、蓄積した情報を民間の業者の活用に供することが望まれる。[5]

さらに、中央銀行がデジタル通貨を発行したとしても、民間業者は、顧客である家計や企業から取引の目的や主体の属性に関する情報を独自に収集し、分析することは引続き可能性である。民間業者にとって、これらの独自情報を中央銀行から提供される情報と連携させることが可能な環境が整備されれば、中央銀行デジタル通貨の発行が金融サービスのイノベーションに対する支障となるリスクを抑制しうるはずである。

中央銀行デジタル通貨と民間によるイノベーションとの関係は、さらに前向きな視点も重要になる。つまり、家計や企業向けの支払や決済のサービスの近年における顕著なイノベーションを阻害しないだけでなく、むしろ促進するためには、中央銀行デジタル通貨が民間の金融サービスとの接続性や親和性を備える必要がある。この点は、第2章や第3章でみたように中国人民銀行やリクスバンクによるデジタル通貨構想でも強調されている通りである。

そのために中央銀行は、自ら導入するデジタル通貨の技術的な内容を、本人確認や取引確認のためのセキュリティ上の要請に反しない限り、民間業者に広く開示する——つまり、「オープンソース化する」——ことが求められる。

さらに、中央銀行デジタル通貨をインフラとして活用する新たな金融サービスが民間業者によって遅滞なく導入され、円滑に使用されるようにするためには、中央銀行は、デジタル通貨の具体的な設計の段階から民間業者と密接に連携し、あるいは共同で開発するといった対応も望まれる。このような方針も、中国やスウェーデンにおいて実際に採用されている通りである。

こうした環境が整備されれば、民間業者は、デジタル通貨というインフラを自ら開発したり運営したりするコストを回避しつつ、それを活用した金融サービスの効率化や高度化に専念しうる。民間金融機関が構造的な低収益に苦しむ下で、金融サービスのデジタル化を円滑に進める上では少なからぬ意味を有する。

あわせて、技術のオープンソース化によって、様々な業界からの新規参入者にも金融サービスの提供の機会を与える点で、金融サービスにおける論争を促進する効果も期待できる。

このように適切に設計された中央銀行デジタル通貨は、家計や企業による支払や決済のために安全で効率的な手段を提供するだけでなく、個人情報や取引情報の適切な管理と本人確認をサポートし、民間業者による新たな金融サービスの提供を促すという点で、民間業者と適切に連携しながら社会インフラとして導入することに合理性がある。

2　集中型と分散型の選択

民間業者が発行するか中央銀行が発行するかにかかわらず、デジタル通貨に関する文献では、集中型と分散型の選択が主要な論点となっている。例えば、いわゆる「マネーフラワー」による通貨の整理を提唱した Bech 氏と Garratt 氏の共著論文[6]でも、両者の選択を主なメルクマールの一つとしている。

集中型は、現在の中央銀行当座預金の運営システムや民間の銀行間決済システムのように、支払や決済に関する情報を1カ所に集約して集中的に決済を行うものを指し、実務家にとって容易にイメージしうる方法である。これに対し分散型は、「暗号資産」の多くが採用したブロ

図表5-1　「マネーフラワー」のイメージ

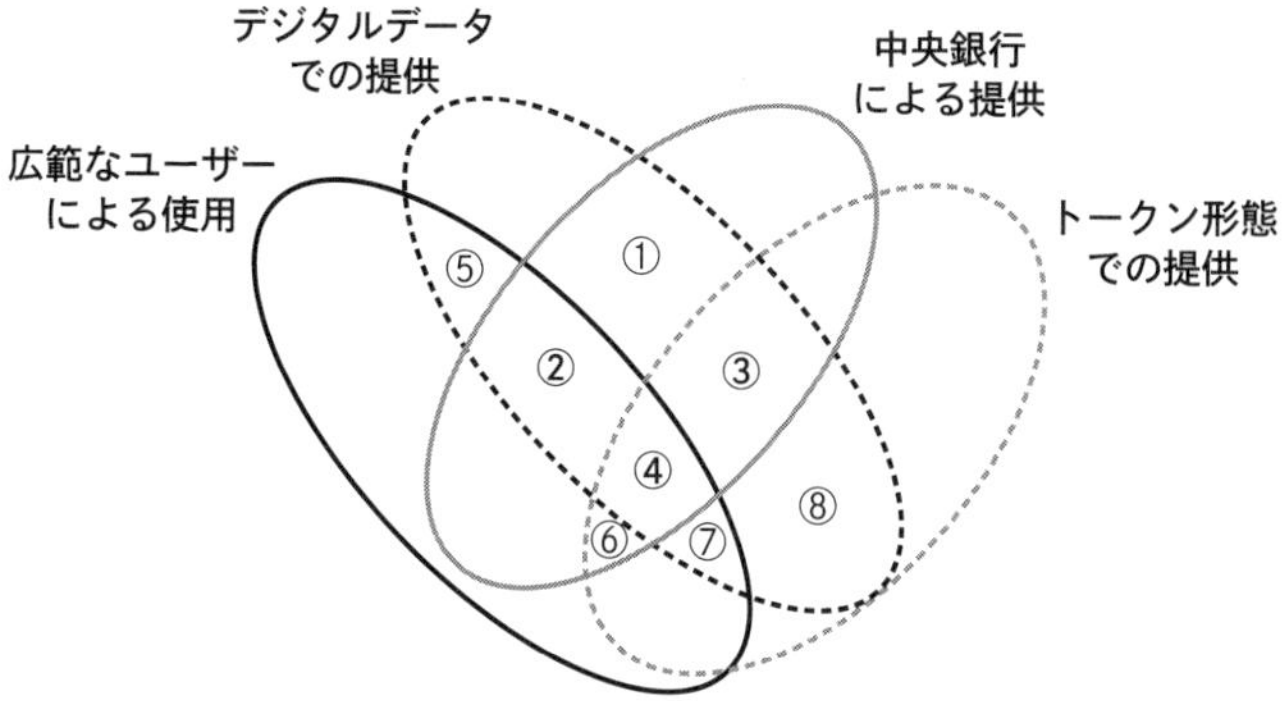

①：中央銀行当座預金
②：中央銀行デジタル通貨（口座形態・一般目的型）
③：中央銀行デジタル通貨（大口型）
④：中央銀行デジタル通貨（トークン形態・一般目的型）
⑤：民間銀行預金
⑥：現金
⑦：民間のデジタル通貨（トークン形態・一般目的型）
⑧：民間のデジタル通貨（トークン形態・大口型）

資料：Bech and Garratt (2017)

ックチェーンの技術などによって、支払や決済をネットワーク内の不特定の場所ないし分散した形で行う方法である。

支払や決済の手段がデジタル通貨であるかどうかにかかわらず、両者の間には明確な違いがある。つまり、集中型の場合には決済機関が必要であるが、分散型の場合には決済を認証するルールがあれば良いという点である。

集中型の場合には、決済機関に何らかのトラブルが生じたり、外部からの攻撃を受けたりした場合には、支払や決済が広範囲にわたって影響を受けることになる。それだけに、決済機関に対するセキュリティや頑健性の要求度合いは高く、結果として導入や運営のコストも大きくなる。主要国の銀行間決済システムが民間金融機関による共同出資の形で運営されている理由も、支払や決済を集中して行うことの効率性[7]の反面としてのコストの大きさにあると考えられる。

これに対して分散型の場合には、決済機関の導入や運営が不要であるために、運営コストは相対的に低位で、仮に支払や決済の一部に不正を含めて問題が生じても、金融システム全体としては支払や決済を継続できるよう設計することができる。

「暗号資産」の中には、こうした決済のシステム全体としての効率性や頑健性をメリットとして強調するものも多く、その後に中央銀行を含む多様な主体が証券決済や不動産登記のためにブロックチェーン技術を体化したシステムを開発する際には、分散型のこうした優位性が追求されている[8]。

もっとも、近年における「暗号資産」の実情をみると、分散型による決済に特有なコンセンサス形成や「分岐」の影響だけでなく、取扱業者におけるセキュリティの不備などによって、特定の支払や決済に生じた問題によって、広範囲にわたる支払や決済が実質的に困難になる局面も散見される。つまり、少なくとも現時点では、集中型と分散型のセキュリティや頑健性に関する相対的な優位性は、実際には当初に主張されていたほど単純というわけではなかった。

両者の選択を中央銀行デジタル通貨の決済に即してみると、集中型は口座形態による支払や決済、分散型はウォレット形態による支払や決済と、各々関連付けられて議論されることが多い。

口座形態での支払や決済は、現在の中央銀行当座預金や民間銀行預金による支払や決済と基本的に同じであり、家計や企業にとってもイメージしやすい。ウォレット形態での支払や決済も、小口の支払や決済に関する最近のイノベーションの下では容易にイメージしうるようになっている。例えば、スマートフォンの支払アプリを使用する際に、銀行券によって「チャージ」するのでなく、中央銀行デジタル通貨によって「チャージ」することを考えればよい。

中央銀行デジタル通貨の支払や決済を念頭に両者を比較する場合、口座形態の優位性を主張することは比較的容易である。なぜなら、支払や決済に関する現在の技術を応用しうる面が大きいほか、個人情報や取引情報の適切な管理や本人確認の仕組みについても、中央銀行デジタル通貨の受払いを担う民間金融機関に引続き実務を委ねることができれば、現在の枠組みを援用しやすいとみられるからである。

同様に、デジタル通貨の発行者である中央銀行がシステムを適切に管理できれば、外部からの不正なアクセスやデジタル通貨の不正使用、デジタル通貨の「偽造」といった問題を有効に防ぐことも可能になる。これら全体を通じて、新たに中央銀行デジタル通貨を発行するのに要するコストや事務負担を軽減できれば、中央銀行デジタル通貨を用いた支払や決済への円滑な移行を実現する上で大きな利点となりうる。

一方でウォレット形態にもメリットは存在する。なかでも、民間主導で進行している金融サービスに関するイノベーションとの親和性が高い点には魅力がある。例えば、中央銀行デジタル通貨を用いて支払や決済を行うためのアプリを、民間業者が提供する広範な金融サービスのためのアプリに組み込むことができれば、ユーザーの利便性が向上するだけでなく、中央銀行デジタル通貨の利便性を強化できる。

この結果、中央銀行デジタル通貨の通用力が短期間で上昇するとともに、民間業者がそれをインフラとして活用する多様な金融サービスを開発するインセンティブが高まることで、支払や決済に関するイノベーションが促進されるという好循環も期待される。特に主要国の場合、民間業者がスマートフォンのような分散型端末を用いた金融サービスのイノベーションを進めているだけに、ウォレット形態の採用は、逆にそうした民間サービスをインフラとして活用しつつ、中央銀行デジタル通貨を早期に浸透させることに繋がる面もある。

3 「大口型」との関係

本書の冒頭で述べたように、本書では、家計や企業が幅広い支払や決済に使用するデジタル通貨――中央銀行デジタル通貨に関する文献で「一般目的型」と呼ばれるもの[10]――を主たる対象として議論している。

なぜなら、その導入や活用は広範な支払や決済のあり方を変えるだけでなく、あとで詳しくみるように、預金通貨とそれを提供する商業銀行の機能にも大きな影響を与え、金融システムの安定や金融政策の波及にも変化をもたらすなど、金融経済の幅広い領域に対して極めて大きな意味合いを持ちうるからである。

これに対し主要国では、中央銀行と民間金融機関の間、および民間金融機関同士の支払や決済は、中央銀行当座預金という既にデジタル化された手段によって行われている。その意味では、こうした目的のためのデジタル通貨――同じく文献で「大口型」と呼ばれるもの――は、既に広範に利用されているとも言える。しかもこのことは、「大口型」の中央銀行デジタル通貨を導入すること自体では、「一般目的型」のように金融経済に大きな影響が生じるわけではないことも示唆している。

もっとも、近年における中央銀行デジタル通貨を巡る議論や実証実験では、先にみた欧州中央銀行（ＥＣＢ）と日本銀行との共同プロジェクトである「Stella」も含めて、「大口型」においても様々なイノベーションの成果を活かそうとする取り組みがみられる。

その代表例は、ブロックチェーン技術を応用することで、中央銀行デジタル通貨にスマートコントラクトを組み込むことである。この結果、例えば、資金と証券との同時受け渡しや、中央銀行による金融機関向けの証券貸付とその同時担保化といった取引を、集中型の決済システムに対する負荷を新たに加えることなく運営しうることになる。

これらは、集中型の決済システムの構築や運営に要するコストや事務負担を軽減するだけでなく、中央銀行が既に進めている中央銀行当座預金に関するイノベーション——例えば、背後にある取引情報との一体化(EDI化)[11]——などと相まって、金融取引の効率化に寄与する。

このように「大口型」の中央銀行デジタル通貨は、メリットが比較的明確で、しかも現在の金融システムに大きな影響を及ぼすことなく導入しうる。しかも、中央銀行が従来から提供してきた民間金融機関向けの支払や決済サービスそのものであるだけに、いわば「本業」により近いという点で、「大口型」の中央銀行デジタル通貨の方が実現に向けたハードルは明らかに低い。

この点が、主要国の多くの中央銀行が実証実験も含めた取組みを進めてきた大きな背景であるとみられる。

ただし、こうした実験が明らかにしたのは、現在のブロックチェーン技術では主要国で民間金融機関同士あるいは中央銀行と民間金融機関とが行う支払や決済に十分対応できないリスクが残る点である。その最大の理由は、「大口型」であっても必要な処理速度が確保できず、結果として支払や決済に遅延が生ずるケースを排除できない点にあるようだ。[12]

この問題は、中央銀行が民間金融機関同士の決済リスクの低減に向けて、RTGS(即時グロス決済)化の推進などの努力を積み上げてきた点を踏まえると容認しがたい面もあり、結果として、「大口型」デジタル通貨の早期導入に対する支障になっているとみられる。

もちろん、イノベーションの急速な進展を考えれば、ブロックチェーンの認証に要する時間を画期的に短縮する技術が出現するとか、ブロックチェーン以外にもスマートコントラクトの具備が可能なテクノロジーが出現するといった可能性は存在する。[13]その意味では、現時点のテクノロジーによって結論を導くことは、必ずしも適切ではない。「大口型」の設計に関しては、「一般目的型」との親和性をどのように確保するかという論点も劣らず重要である。

例えば、「一般目的型」を預金形態で導入する場合には、デジタル形態の中央銀行当座預金としての「大口型」を先行的に整備し、それを基盤として活用しながら「一般目的型」の導入に進めれば、コストを含めた効率化に繋がりうる面がある。もちろん、既にみたように、ブロックチェーン技術を「一般目的型」に採用することには、「大口型」以上にハードルが高いことにも留意する必要はある。

そこまで一体性を追求しなくても、民間金融機関同士の決済には、家計や企業による支払や決済の結果が多分に反映されることを踏まえれば、「大口型」と「一般目的型」の間では、支払や決済に関する情報が安全で効率的に受け渡しされる必要がある。それぞれのデジタル通貨が、それぞれの領域で支払や決済の効率化や高度化を果たしても、両者間での情報の受け渡しに支障があるようでは、中央銀行デジタル通貨を導入する意味が大きく損なわれる。

つまり、「大口型」の中央銀行デジタル通貨を企画し開発する際にも、常に「一般目的型」

との関係を意識し、最終的に両者の円滑な連携が確保されるようにすることが求められる。

さらに、「一般目的型」の中央銀行デジタル通貨が支払や決済において中心的な地位を獲得するにつれて、銀行預金による支払や決済の件数や金額が減少するとすれば、民間金融機関同士の支払や決済のニーズもそれに応じて減少しうる。なぜなら、民間金融機関同士の支払や決済には、銀行預金による支払や決済に伴って生じた決済尻の調整が含まれるからである。

そこまでいけば、支払や決済に関する処理負荷の低下や、中央銀行と金融機関との支払や決済の相対的なウエイトの上昇によって、「大口型」の中央銀行デジタル通貨においても、ブロックチェーン技術の応用によるスマートコントラクトの具備に対する展望が逆に開けることも考えられる。その意味では、中央銀行デジタル通貨に関するこれまでの議論が暗黙に想定してきたように、まず「大口型」を導入し、次に「一般目的型」を導入するというアプローチにも再検討の余地が残る。

そうした再検討の際には、主要国の中央銀行が民間金融機関同士の決済リスクを抑制するために、資金や証券に関する決済システムに多くの資金と人的資源を投入するとともに、民間が運営する様々な決済システムに頑健性の強化を求めてきたことも考慮する必要があろう。つまり、新たな技術を体化した「大口型」の導入を急ぐよりも、当面はそうした投資の成果を享受することも効率的な判断となりうるわけである。

4　クロスボーダーの視点

本書で取り上げてきた中央銀行デジタル通貨は、各々主として自国内での使用を想定している。明確な例外は前章で見たイングランド銀行（ＢＯＥ）のカーニー総裁（当時）による「ソブリン・マネー」であり、第2章で議論した中国人民銀行の中央銀行デジタル通貨も、少なくとも当面は自国内の使用に止まることが予想される。

一方で、「リブラ構想」が明らかにした現在の金融システムの課題の一つは、特に家計や企業による比較的小口のクロスボーダー取引の非効率性や、それに伴う「金融排除」にあった。しかも、この課題を克服する上では皮肉なことに「暗号資産」が通貨として活用されているケースもみられ、日本でも大手ノンバンクが「暗号資産」を介した低料金で迅速な海外送金サービスを展開している。[14]

このため、スイスにおける議論が示唆するように、中央銀行デジタル通貨がクロスボーダーで活用される可能性やそれに対する対処のあり方も重要な論点となりうる。

上にみた「暗号資産」の活用は、現在の国際金融システムの下でクロスボーダー取引を行う際に活用する枠組み――ＳＷＩＦＴによる取引情報の伝達やＣＬＳ銀行による資金決済、民間銀行同士によるコルレス銀行の資金の受払など――が内包する効率性の問題を、「暗号資産」

図表5-2　現在のクロスボーダー決済の仕組み

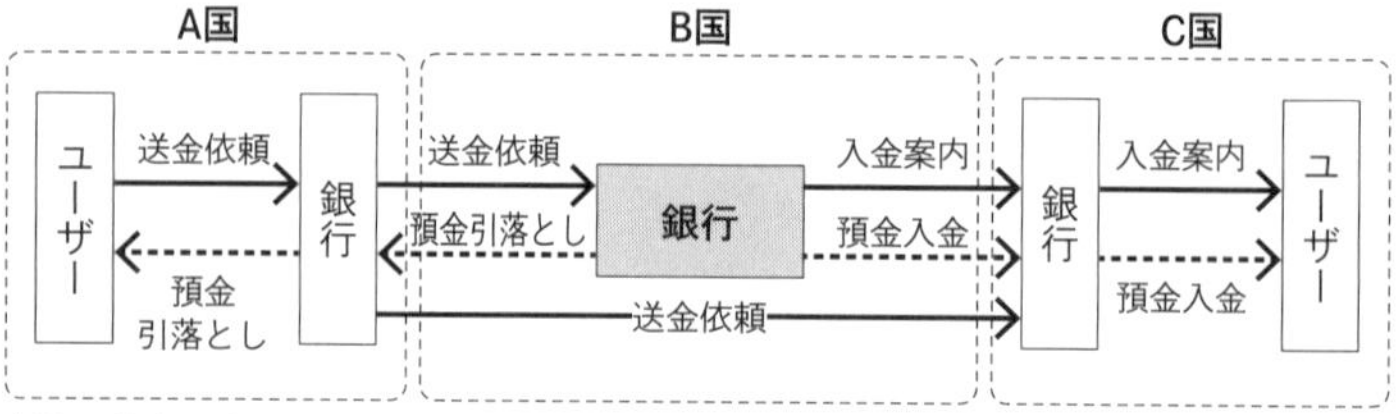

資料：著者作成

のもつ分散型の効率的な認証によって回避しようとするものである。

その意味では、中央銀行が「一般目的型」のデジタル通貨を発行しても、ブロックチェーンのような分散型の認証を使用する蓋然性は少なくとも現時点では低いという意味で、クロスボーダー取引における効率性のメリットをアピールすることは難しい。

ただし、中央銀行デジタル通貨は、価値の変動が極めて大きい「暗号資産」との比較は言うまでもなく、現在のクロスボーダー取引において介在する民間銀行預金に比べても、信用リスクや流動性リスクが相対的に小さいという意味で安全な手段であることは明らかである。さらに、「一般目的型」が必然的に具備する機能として24時間365日の支払と決済が可能であれば、現在のクロスボーダー取引における、各国間の時差に伴う決済リスク[15]も回避しうることになる。

これらの点からみて、「一般目的型」の中央銀行デジタル通貨は、自国内使用を念頭に導入されたとしても、家計や企業がクロスボーダーの取引に使用する上でも一定の有用性を有していることがわかる。その上で実際にどの程度使用されるかは、結局は中央銀行デジタル通貨を発行する国の通貨自体——日本であれば日本円——の自国外での有用性に左右されることになる。米ドルの例から明らかなように、そうした有用性は、支払や決済の手段としての効率性や安全性だけでなく、その通貨を用いた資金の運用や調達が効率的で安全に行いうるかどうかに依存する。

もちろん、単純なクロスボーダー送金のような場合には、資金の受け手がすぐに自国通貨に換えればよいという意味で、そうした条件の重要性は相対的に低いとも言える。ただし、資金の運用や調達の円滑な通貨であれば価値の変動も当然に抑制されやすいことも考慮すれば、これらの条件が全く関係なくなるわけでもない。

しかも、家計や企業にとっての支払や決済の選択肢は、クロスボーダー取引を行う自国と相手国の通貨だけには限定されない。この点は、例えば日本とアジア諸国との取引の相応の部分が米ドルで行われていることから明らかである。つまり、中央銀行デジタル通貨が導入されても、それだけではクロスボーダー取引における通貨の競争に大きな影響を与えることは難しい。

ただし、第2章で中国のケースについて議論したように、中央銀行デジタル通貨を巡る競争には、それを支えるＩＴ技術やその上で展開される金融サービスに関する競争という新たな側面も存在する。上記の例でいえば、アジア諸国がどのようなＩＴシステムとどのような金融サービスを導入するかという点であり、それらを自国で開発して導入する選択肢がある一方、海外のシステムや金融サービスを利用する選択肢もある。

仮にアジア諸国が海外のシステムや金融サービスを選択したとしても、アジア諸国が自国の通貨を放棄して、海外の通貨を使用することを直ちに意味するわけではない点も第2章でみた通りである。ある国が自国通貨を放棄する判断に至ることは、政治的あるいは文化的な要素を含めて、決して容易なことではない。

それでも、長い目でみた場合には、海外のシステムや金融サービスを導入した国では、家計や企業が体験した利便性や効率性によって、自国内でも海外の通貨自体を使用することが拡大していく可能性がある。かねて新興国では、中央銀行や銀行券に対する信認の欠如などによって、自国内でも米ドルのような国際通貨が広範に使用される状況——いわゆる「ドル化(dollarization)」[16]——が生ずるケースが散見される。ここで議論している現象は、デジタル通貨の利便性や効率性を起因とする、いわばデジタル時代の「ドル化」というべき現象である。

BOX 新興国における「ドル化」と中央銀行デジタル通貨

新興国では、不適切な金融政策などのためにインフレ率が高騰したり、対主要通貨の為替レートが大きく下落したりしたことを背景に自国通貨への信認が失われた結果、自国内での財やサービスの取引でも自国通貨による支払が忌避され、海外の通貨が幅広く使用される事態が生ずることがある。この現象は、ラテンアメリカの一部で米ドルが使用されるという典型的なケースを映じて「ドル化」と呼ばれることが多いが、欧州周辺国でユーロが使用されるようなケースも含まれる。

こうした状況は自然発生的に広がる一方、納税や公務員の給与、年金などは引続き自国通貨で支払われることが多いため、家計や企業は為替レート変動による差損を被ることになり、「ドル化」の原因の一つであるインフレ率の高騰とともに、実質購買力の低下や不安定化によって経済活動が阻害される。また、中央銀行が政策金利を調節しても、その影響が直接的に及ぶ自国通貨建の資産や負債の規模が縮小しているため、政策効果も大きく阻害される。

「ドル化」が進行した国では、自国通貨の対「ドル」レートを固定し、金融政策も「米国」の中央銀行に機械的に追随するという、実質的な為替ペッグ政策への移行がむしろ有効な対応策になりうる。それでも、対外競争力などの状況によっては固定した為替レートを維持しうるかどうかに不確実な面が残るほか、国内の金融システムにストレスが生じた場合に、「米国」の中央銀行が「最後の貸し手」を含む必要な対応を講じてくれるかどうかも不透明である。

このため、新興国には、自国通貨に基づく金融経済へと回帰する手段として中央銀行デジタル通貨の発行を目指す動きも散見される。この対応は、銀行券に対する信認が偽造や過剰発行によって喪失したケースであれば意味のある対応策となりうるが、自国通貨の国内外での購買力に対する不安に基づく「ドル化」に対しては必ずしも有効とは言えない。さらに、新興国には、中央銀行デジタル通貨が広範に使用される上で「車の両輪」となる、家計や企業の支払や決済の広範なデジタル化に向けた環境も整備されていないケースもみられる。

これらを踏まえると、新興国による「ドル化」対策としての中央銀行デジタル通貨の発行が一律に有効な対策とは言えない面がある。

そこまで極端でなくても、ある国の中央銀行デジタル通貨が家計や企業によるクロスボーダー取引で広範に使用されるようになった場合、各々の当事国における民間銀行相互間の決済との親和性をどのように維持するかという論点も浮上する。上記の例でいえば、日本円がデジタル化していれば、支払や決済は日本銀行で行われることになり、アジア諸国の銀行にとっては自国の中央銀行を介することも含めて、日本銀行との実質的な取引が必要になる。

また、新興国の家計や企業が、デジタル化された外国の通貨により容易にアクセスしうるようになると、その国の経済や金融に不安が生じた場合の資金の海外逃避もより急速かつ急激に進む可能性が生じる。これは、先にみた「デジタル預金取付け」問題のクロスボーダー版、あるいはスイスが懸念する「質への逃避」の逆バージョンである。

この場合、金融システムの安定策だけでなく、自国通貨の量や金利を通じた金融政策の運営にも支障が生じうる点で、その国にとっては大きな問題をもたらしうる。この点は金融システムの安定維持との関係で、第8章で詳しく論ずることとしたい。

このように本節で取り上げた様々な論点を考慮すると、「一般目的型」の中央銀行デジタル通貨であってもクロスボーダー取引に利用されることを想定し、各当事国内での支払や決済のためのシステムと円滑に連携することを確保する必要がある。同時に、クロスボーダーでの資金逃避が急激に生じうることへの対応を講ずるほか、長い目でみて自国通貨の存続と広域通貨圏への参加との比較考量も視野に入れていくことも、中央銀行デジタル通貨の企画や導入において重要な課題となろう。

■注■

1 日本の高齢者によるデジタル化された支払や決済の手段の活用状況については、例えば野村総合研究所（2019a）を参照。

2 Rogoff（2016）を参照。本書の主張は、高額紙幣の廃止といった漸進的な改革によって、本人確認の問題やマイナス金利政策の限界を克服することに中心があったが、結果的には中央銀行デジタル通貨を巡る議論にも大きな影響を与えることになった。

3 同じくRogoff（2016）を参照。米ドル紙幣の発行残高は、近年における政策金利の引上げにもかかわらず、年率5％近い伸びを示している。また、銀行券の半分以上が米国外の取引で使用されているとの推計もある。Haasl, Schulhofer-Wohl and Paulson (2018) を参照。

4 日本の居住者が海外送金を行う場合の報告義務は「犯罪による収益の移転防止に関する法律」（平成19年3月法律第22号）に規定されている。

5 この目的を実現する上では、①中央銀行自身が中央銀行デジタル通貨の運営を通じて集めた個人情報や取引情報を適切に処理した上で民間に還元するのか、あるいは、②中央銀行は支払や決済に必要な最小限の情報だけを収集、管理する一方、それ以外の情報は分離した上で中央銀行とは別の公的当局が収集、蓄積し、適切に処理した上で民間に還元するのか、といった選択肢はありうる。②の方が枠組みは複雑となるが、他の個人認証と一体で運営するという合理性も生まれる。

6 Bech and Garratt (2017) を参照。

7 例えば、複数の決済機関が併存する事態は、民間金融機関にとって効率性の点で望ましくないことは明らかである。また、支払や決済が1カ所の決済機関に集約されていることは、金融当局にとっても、金融システムの安定維持のための監督を効率的に行いうる点でメリットが存在する。

8 例えば、欧州中央銀行と日本銀行が共同で実施した「Stella」の中にも、こうした考え方が示されている。日本銀行（2017）などを参照。

9 個人情報や取引情報の管理について論じた際にみたように、中央銀行は、この文脈の意味での口座管理を別な公的主体に委ねることもできる。

10 「一般目的型（general purpose）」と「大口型（wholesale）」の各々に関する代表的な定義は、例えばBIS（2018）を参照。

11 主要国の中央銀行による中央銀行当座預金を用いた支払や決済に関するイノベーションの現状については、BIS（2020）に所収の各論文を参照。

12 例えば「Stella」に関しては日本銀行（2017）を参照。このほか、ブロックチェーン技術に固有のコンセンサス形成や分岐の問題のために、いったん成立した支払や決済が巻き戻されるリスクを指摘するケースもある。

13 あるいは、民間金融機関の間で予め何らかのクリアリングを行い、支払や決済の件数や金額を抑制することで、「大口型」の中央銀行デジタル通貨を用いた支払や決済の負荷を抑制する方向性も考えられる。

14 例えば、「ＳＢＩレミット」のサービスは https://www.remit.co.jp/information/release191115/ を参照。

15 こうした流動性リスクは、１９７０年代に生じた金融機関の破綻に伴うクロスボーダー取引への影響事例をもとに、「ヘルシュタット・リスク」と呼ばれる。

16 新興国による「ドル化」を概観するには、例えば Bannister, Turunen and Gardberg (2018) を参照。また、本書における議論の対象ではないが、新興国の一部では、銀行券や中央銀行に対する信認の欠如を克服する手段として、中央銀行デジタル通貨を導入しようとする動きも散見される。そうした視点での議論は、例えば Adrian and Griffoli (2019) を参照。

第6章　中央銀行がデジタル通貨の発行に関わることの蓋然性

安全で効率的なデジタル通貨の導入が金融経済に様々なメリットをもたらすことは事実だとしても、中央銀行がその発行の役割を担うべきかどうかについては、実はいくつか検討すべき点も存在する。本章ではその妥当性について考えを整理していく。

1　中央銀行の役割との関係

主要国の中央銀行は、1970年代以降の高インフレの経験とその後の「合理的期待」を含む経済理論の展開を踏まえて、物価の安定を最も重要な政策目標としている[1]。金融政策の独立性の付与や、政策決定のための合議体の設置、そうした会合に関する議事要旨の公表といった共通にみられる対応は、いずれも物価安定の目標を達成するための枠組みとして導入されてきた[2]。

同時に、主要国の中央銀行にとっては、決済システムの安定も重要な政策目標となっており、こうした特徴は、日本銀行のように金融規制や監督に関する行政権限を持たない中央銀行も含めて当てはまる。

BOX 主要国の中央銀行による決済システムの監督

中央銀行は、主として銀行券や中央銀行当座預金という通貨の運営を通じて、決済システムの安全性や効率性に直接的に寄与してきた。一方で、銀行間の決済システムや民間の決済プラットフォームについては、民間の自主的な規律に委ねた上で、運営に際して満たすべき基準を示すといった形で間接的な監視を行うべきとの考えが主流であった。しかし、世界金融危機の際に民間の様々な決済システムが機能不全を起こしたり、資産価格の下落のようなショックを幅広い金融機関に伝播したりしたことで、システミックリスクの顕在化や増大を招いたため、BIS（CPMI）のような国際機関を中心として、中央銀行による民間の決済システムに対する監督の強化を求める声が強まった。

こうした議論を踏まえて、BISとIOSCO（証券監督者国際機構）は、資金だけでなく証券の決済システムやプラットフォームも含めた金融市場インフラ全体を対象に、リスク管理や情報開示等の面で満たすべき新たな基準を2012年に公表した。なかでも「システミックに重要な支払システム（SIPS）」については、欧米諸国では、世界金融危機を踏まえた金融規制や監督の全般的な体制の見直しと法制面の改訂を通じて、各中央銀行に監督の役割を付与している。なお日本は、世界金融危機の前後を通じて金融庁がこれらに対する監督当局となっている。

これらをもとに、中央銀行デジタル通貨の調査研究で先行している中央銀行の多くは、安全で効率的な決済手段の提供を、決済システムの安定に本質的に関わる役割と位置づけ、従って中央銀行デジタル通貨の発行を中央銀行本来の役割であると整理している。

ただし、こうした理解には疑問の余地もある。主要国の中央銀行は決済システムの安定を政策目標にしていると言っても、直接的には主として、金融機関同士での支払や決済のために中央銀行当座預金を提供することによって果たしてきたからである。民間の主要な決済システムに対する監督も、こうした主体に中央銀行当座預金を用いた支払や決済を認めている点に関わる面が大きい[3]。

これに対し家計や企業による支払や決済は、主として民間金融機関による銀行預金の提供を中心とするサービスに委ねた上で、民間金融機機関に対する規制や監督を通じて、いわば間接的に決済システムの安定を達成するよう努めてきたわけである。

この点を踏まえれば、中央銀行はデジタル通貨の発行も民間金融機関等の業者に委ねて、その発行主体に対する規制や監督を適切に行えば、決済システムの安定を達成しうるという考え方はありうる。これを中央銀行デジタル通貨の形態に即して言えば、中央銀行が「大口型」のデジタル通貨を発行することは従来の役割に照らして合理的であるとしても、「一般目的型」のデジタル通貨を発行することは必ずしもそうではないことになる。

中央銀行が、決済システムの安定という政策目標を追求する上で、民間金融機関同士の支払や決済と、家計や企業による支払や決済との間で関与の度合いが異なることには、安全性と効率性のバランスという、本書を通じて議論してきたテーマが深く関わっているものと理解できる。

つまり、民間金融機関同士の間では日々刻々に巨額の支払や決済が行われる[4]だけに、安全性の重要度が相対的に高いことは言うまでもない。

ここで何らの支障が生じた場合には、民間金融機関同士の支払や決済に支障をきたすため、民間金融機関の資金繰りだけでなく、そうした支払や決済の背後にある家計や企業の経済活動を含めて、幅広い領域に影響を及ぼしうる。その最も深刻なケースでは、金融機関の連鎖的な破綻を通じて、金融危機を招くことにもなりかねない。

したがって、ソブリンリスクであるという意味で、価値が喪失するリスクが最も少ない中央銀行当座預金を使用し、中央銀行が直接に運営する決済システムの下で支払や決済を行うことには明確な合理性がある。

これに対して、家計や企業による支払や決済は、民間銀行が提供する銀行預金によって行うことに効率性の面でメリットが大きい。銀行預金は、単に支払や決済の手段だけでなく、民間金融機関にとっては与信の手段、家計や企業にとっては資産運用の手段としても活用される。民間金融機関は、金融仲介における利鞘を活用することで、銀行預金を通じた支払や決済のコストを抑制したり、利便性を高めたりすることができるからである。

もちろん、現在の主要国では安全性と効率性のバランスはより微妙なものになっている。例えば、中央銀行当座預金を用いた支払や決済に関しても、背後にある取引情報との一体化にみられるように効率性の向上が図られている。また、銀行預金を用いた支払や決済においても、預金保険制度や民間金融機関に対する規制や監督によって、安全性が顕著に補強されるようになっている。

それでも、主要国で支払や決済の手段や方法に関する中央銀行と民間銀行とのこうした[5]二重構造が維持されていることは、安全性と効率性の相対的な重要性のバランスに関する判断に基づくものと理解できる。

しかし、このような二元論にとって微妙なのは、中央銀行が銀行券を発行している点である。銀行券は家計や企業の支払や決済に使用されており、しかも銀行券の発行は多くの中央銀行にとって設立以来の「本業」として営まれてきた。実際、第2章でみた中国や第3章でみたスウェーデンのように、少なくとも当面はデジタル通貨の発行を銀行券の代替として位置づけるのであれば、中央銀行の本来の役割として異論の余地が少ないことになる。

古い歴史を有するイングランド銀行の例が示すように、中央銀行のルーツの一つは銀行券の独占的な発行に関する政府の特許にあり、それ以前には多くの民間銀行が発行する多様な銀行券が併存していたため、相互の交換比率の変動のために円滑な支払や決済にしばしば支障をきたしていたことや、民間銀行が破綻することで銀行券の価値が喪失し、結果として金融危機を招いていたことへの対応であった[6]。

その意味では、中央銀行にとっての決済システムの安定は、本章の冒頭に述べた物価の安定よりも、むしろ根源的な政策目標と言うことができる。しかもこれらの二つの目標は、幅広い経済活動で使用される支払や決済の手段——つまり通貨——を中央銀行が発行することに深く関わっている。つまり、中央銀行が決済システムの安定という政策目標を追求することは、銀行券を発行し中央銀行当座預金を提供していることに基盤を置いている。同時に、物価の安定という政策目標を追求しうるのは、その国の経済で広範に使用される支払や決済の手段としての通貨に対して、量や価格（金利）の面で直接ないし間接的な働きかけを行いうるからである[7]。

このように整理すれば、中央銀行がデジタル通貨の発行に関わることが合理的であるのは、支払や決済の手段としての通貨が何らかの理由で変質し、既存の枠組みの下では、通貨のコントロールを通じた決済システムの安定や物価の安定という目的を果たすことができない、あるいはその恐れが生じた場合ということになる。

その意味では、銀行券の使用が著しく低下するとか、民間銀行が預貸利鞘による収益によって預金通貨の供給コストを賄い続けることが難しくなるとか、通貨に類似する機能を有するサービスがデジタル手段を含む新たな形態で提供されるといった事態は、中央銀行によるデジタル通貨の発行を正当化しうることになる。

もちろん、より長い目でみれば決済システムの安定自体や物価の安定自体は、将来にわたって変わらず重要であったとしても、それらを通貨のコントロールによって追求することも、同じように最適な手法であるかどうかには保証はない。つまり、金融システムのあり方によっては、同じ目的をより効率的で合理的な別の手法で達成しうる日も来るかもしれない。しかし、現時点では抽象的なレベルとしてもそうした可能性を想像することは難しいように見える。

2　効率性との関係

中央銀行がデジタル通貨を発行する上での合理性が相応に満たされたとしても、支払や決済に関わる安全性との関係で効率性をいかにバランスするかは大きな課題として残る。

なぜなら、利便性があまりにも低かったり、使用に係るコストが高すぎたりすれば、中央銀行デジタル通貨を導入しても活用されず、結果的に決済システムの安全性の向上にも寄与しないことになるからである。

この課題を中央銀行の観点からみれば、中央銀行デジタル通貨のためのシステムの開発や運営のコストを抑制することが求められる。そのための有力な方策は、既に開発されたり実用化されたりしている技術を応用するアプローチであろう。主要国の中央銀行が、必ずしもブロックチェーン技術に拘泥せず、口座形態のようなレガシーの技術の使用も展望していることは、こうした問題意識を反映したものとも言える。[8]

調査研究の対象としての位置づけを除くと、主要国の中央銀行は家計や企業の支払や決済に直接に関わる決済システムを開発したり運営したりする経験を必ずしも十分に有しているとは言えない。さらに、中央銀行デジタル通貨をインフラとして位置づけ、民間業者がその上で様々な金融サービスのイノベーションを展開しうるようにするためには、そのための相互接続性や柔軟性の確保も重要となる。

こうした点からみても、中央銀行が民間の技術を上手く活用することの意義は大きいし、中国やスウェーデンなどで、中央銀行が民間業者のコンソーシアムとの共同作業によってデジタル通貨の開発を進める手法を採用していることには大きな意味がある。

一方で、中央銀行はデジタル通貨の開発や運営に関わる費用を、民間金融機関や家計、企業といったユーザーからどのように徴収するのかという論点も存在する。

例えば日本銀行は、中央銀行当座預金の振替や入出金のシステムの構築に関わる費用は自ら負担し、そうしたシステムの個別の利用に際して民間金融機関から料金を徴収している。[9]

その理由については、システムの構築は決済システムの安定という政策目的に関わる本業として自らの負担で行う一方で、民間金融機関もシステムの使用に伴って生ずる便益に相当する費用を負担すべきとの考えを示している。[10]つまり、こうしたシステムが固有に有する固定費の大きさに伴う外部性は中央銀行が対応した上で、ランニングコストは直接の受益者である民間金融機関に負担してもらう考え方である。

その一方で、主要国の中央銀行の中で銀行券の発行や流通に関する費用を民間金融機関や、家計、企業に請求するケースは見当たらないように思われる。[11]

実際には、家計や企業のための銀行券の保管や流通に関わる事務は、中央銀行と民間金融機関が分担しているので、問題は中央銀行と民間金融機関のそれぞれが、受益者である家計や企業から何らかの費用を徴収するかどうかになる。このうち、民間金融機関は両替手数料やＡＴＭ利用料の形で少なくとも部分的に徴収しているとも言えるが、中央銀行が明示的に費用を徴収しているケースはないものと思われる。[12]

実質的には、中央銀行当座預金の振替や入出金のためのシステムの構築のための費用も、銀行券の発行や流通のための費用も、中央銀行は自らの収入――負債側の通貨と資産側の貸出や有価証券保有との利鞘である通貨発行益（シニョレッジ）――によって賄っている。通貨発行益は、中央銀行特有のバランスシート構造から生ずる収益であり、中央銀行に通貨の独占的な発行を認めている国民に最終的に帰属するものと位置づけられる。[13]

国民を代表する議会が中央銀行に対してそうした支出を認めているという意味では、支払や決済のための手段である通貨を、民間にコストを転嫁するのでなく中央銀行が収益でコストを吸収することによって、経済全体に対して低廉に提供することの意義が中央銀行と議会との間で共有されていることを意味する。

この点を踏まえれば、中央銀行デジタル通貨についても、少なくともその構築のコスト、ひいてはその運営のコストも含めて、中央銀行が自ら負担するということにも一定の合理性があるように見える。[14]

もっとも、この点にはいくつかの留意点も残る。

第一に民間との競合関係からみた課題である。中央銀行デジタル通貨が低廉な費用で活用できることは、家計や企業による広範な活用を促すことで、経済全体における支払や決済を安全なものとする――つまり決済システムの安定に寄与する――点で望ましい。しかし、その内容や外部環境によっては、民間業者によって進められてきた支払や決済に関わるイノベーションを価格面から阻害するリスクも残る。

概念的には、中央銀行がインフラとして標準化を図りたい部分は無償での利用を可能にするとしても、中央銀行がこれに係る付加的なサービスも提供する場合には、価格を含む提供条件の面で民間とのバランスを考慮する必要がある。

この問題は、先にみたように中央銀行がデジタル通貨を開発し、運営する上で民間のテクノロジーを広範に活用する場合にはより重要になる。民間業者にとっては、自ら開発した技術を中央銀行に対して直接的には適切な対価を得ながら提供したとしても、結果的にその技術を具体化した決済手段を無償で提供される恐れがあるようであれば、そもそも中央銀行に技術を提供するインセンティブは大きく低下するであろう。

第二に通貨発行益の持続性に関する課題である。主要国において、現在のような低金利環境が長期化するようであれば、中央銀行に固有の収益である通貨発行益も、今後長期にわたって抑制されることになる。[15] そうなれば、中央銀行デジタル通貨の構築や運営に要する費用も、中央銀行が自らの収益だけで支えることが困難になるリスクもある。

中央銀行と議会が安全な決済手段を提供することの意義を適切に共有している限り、議会は中央銀行に対して、国庫への利益納付を免除したり、自己資本に相当する準備金の取り崩しを認めたりすることで、中央銀行デジタル通貨に係る費用負担を支援することも可能である。[16] ただし、国の財政状況が厳しい場合に予想される反論への対応も含めて、中央銀行デジタル通貨への財政的な支援に際しては、政治的に丁寧な議論が求められることになる。

中央銀行デジタル通貨の導入を効率性との関連でより広い視点からみると、本節で議論した直接的なコストや便益だけでなく、支払や決済の手段とその供給の一翼を担う民間銀行との双方の変質に伴うコストと便益、あるいは金融システムの安定や金融政策の波及といった政策の効果に対する影響といった、より広範な要素とのバランスも考慮に入れる必要がある。これらは第8章で詳しく論ずることにする。

BOX 中央銀行デジタル通貨の導入コスト

ある中央銀行が中央銀行デジタル通貨を導入するために、まず必要となるのは研究開発の費用である。これには、概念設計のための調査研究の費用だけでなく、「大口型」で日本を含む主要国の中央銀行が行っているような実証実験の費用も含まれる。しかし、これらは中央銀行による通常業務の中で実施されているので外部からは認識しにくい。

同じ実証実験であっても「一般目的型」の場合には、スウェーデンのE－Kronaのケースが示すように民間のＩＴ企業や金融機関との共同作業になる蓋然性が高く、したがって、ある程度客観的な形でコストを把握することも可能となる。そうした結果をもとに、中央銀行が新たな預金ないしウォレットを開発し導入する場合も、通常の経費予算では賄いきれない可能性が高いだけでなく、中央銀行の新規業務として法的な手当てが必要となるので、政府に対する認可申請を通じてコストの内容や規模は客観的に明らかになりうる。しかも、こうした作業の少なくとも一部は民間企業に委託されるとみられるだけに、その点からもコストは相当程度明らかになる。

民間金融機関が中央銀行デジタル通貨の受払やそれに伴う本人確認等を行うためのシス

テムの開発や導入のコストも、電子商取引の業者などが支払や決済に中央銀行デジタル通貨を使用できるようにするためのシステムの開発や導入のコストも、社会的にみれば中央銀行デジタル通貨の導入に要するコストである。加えて導入後には、中央銀行や民間金融機関、電子商取引業者などにおいて各々システム運営のためのコストも発生する。これらは自動的に明らかになるわけではないとしても、客観的に把握することは可能である。

このように、中央銀行デジタル通貨の導入や運営に伴うコストは、純然たる調査研究を除けば、相応に客観的な形で把握することができる。これに対し、比較考量の対象となるべき中央銀行デジタル通貨の経済的便益は相対的に把握が難しく、本文で論じた国際的な展開の可能性などを考えるとなおさらにそうである。したがって現実的には、①中央銀行デジタル通貨の意義や将来性について、家計や企業から一定の支持を得た上で、中央銀行が自らの収益（通貨発行益）を使って開発費用（および、場合によっては普及のための民間に対する支援）を賄い、②民間金融機関や電子商取引業者などが現実的な水準の手数料を対価に使用する、という条件がともに満たされれば、コスト面から中央銀行デジタル通貨の導入は合理性を有するとみなすことができる。

3　法定通貨としての位置づけ

中央銀行がデジタル通貨を発行する場合には、その通用力を法律で担保するか否か——つまり「法定通貨」としての位置づけを付与するかどうか——も、制度上の論点として重要である。

この論点は、主要国では一般に銀行券に対して法的な意味での通用力を付与していることに起因している。先にみたように、銀行券の独占的発行の役割を国家によって付与されたことが中央銀行の起源の一つであるという経緯に照らすと、中央銀行が発行する銀行券の通用力を法制面から支えることには合理性がある。

その意味では、中央銀行の発行するデジタル通貨に銀行券を代替する役割を担わせるのであれば、デジタル通貨にも「法的通貨」としての位置づけを付与することが自然という推論が導かれる。もっとも、法律論としてみた場合には、銀行券の通用力に関する法的な規定は必ずしも強いものではないようだ。

日本でも、「日本銀行法（第四十六条第2項）」には、日本銀行券が「無制限に」通用することが規定されており、これをもって日本銀行券には「強制通用力」が付与されていると理解されることが多い。しかし、民間金融機関や家計、企業が経済取引を行う上では、民間銀行の預金が支払や決済の手段として広範に使用されているだけでなく、指定の預金口座の入出金をもって、債権債務が消滅するよう、当事者間で合意ないし契約されている場合が多い。これらはもちろん有効であると解されている。

つまり、銀行券の通用力が法制面で担保されていると言っても、それは、全ての支払や決済が銀行券によって行わなければ有効でないという意味ではなく、支払や決済を銀行券によって行った場合は、そうした支払や決済は有効であることを規定しているに過ぎないと理解できる。

中央銀行が仮に「一般目的型」のデジタル通貨を発行しても、民間銀行の預金に代表される民間ベースの支払や決済の手段を全て駆逐する事態にならない限り、民間金融機関や家計、企業は取引の内容や状況に応じて、様々な支払や決済の手段を使い分けることになるので、その意味では、中央銀行デジタル通貨に改めて法的な通用力を付与しても、その意味合いは現在と大きく変わらないと思われる。

逆に、中央銀行が新たに発行するデジタル通貨に法的な通用力を付与しなくても、利便性や効率性の高さの点から、中央銀行デジタル通貨が支払や決済の手段として幅広く活用される事態を想定することは難しくない。

中国人民銀行のケースのように、少なくとも当面は銀行券の代替としてのみデジタル通貨を発行するとしても、中央銀行デジタル通貨のユーザーは銀行券の保管や輸送のコストから解放される。また、中央銀行デジタル通貨が民間のイノベーションに対するインフラとなれば、ユーザーは様々な金融サービスを効率的で安全に享受することができる。

さらに、金融システム安定との関係では、第8章でみるように「諸刃の剣」という面もあるが、中央銀行が発行するデジタル通貨は、金融システムに不安が生じた場合の資金の逃避先としての意味合いも持ちうる。実際、主要国でも、中央銀行が民間金融機関に支払や決済の手段として提供している中央銀行当座預金には、明示的な「強制通用力」は付与されていないとみられる。[17]

もちろん、中央銀行は中央銀行当座預金と銀行券とを等価で交換することを事実上保証しており、民間金融機関同士が中央銀行当座預金を用いて支払や決済を行った場合には、そうした支払や決済は当然に有効とされる点で、中央銀行当座預金も実質的には「法定通貨」としての性質を具備している。[18]しかし、実務的には中央銀行当座預金が「法定通貨」と規定されているか否かにかかわらず、民間金融機関は決済手段としての安全性や効率性に基づいて使用している。

このように経済合理性だけを目的とするのであれば、実質的な意味合いが必ずしも明確ではない「法定通貨」としての性格付けに拘るよりも、主要国の中央銀行が現在の銀行券や中央銀行当座預金に関して主張するように、[19]通貨の量や価格（金利）の適切なコントロールによって信認を維持することをもって十分とすることも考えられる。この点は、第3章でＥＣＢ

図表6-1　中央銀行によるデジタル通貨の発行が正当化されるケース

既存の通貨の変質によって、通貨のコントロールを通じた政策を運営できない状況	●銀行券の使用の著しい低下 ●民間銀行による預貸利鞘を通じた預金通貨の供給の困難化 ●通貨に類似した機能を提供するサービスの顕著な拡大
社会的に受容可能なコストによる提供が可能である状況	●インフラ構築における「通貨発行益」の活用への広範な支持 ●民間の競争やイノベーションを促進しうる利用料の設定 ●開発や導入のコストの合理的な抑制
利用に関する法的な安定性が確保されている状況	●法定通貨としての地位の付与 ●紛失や二重使用等に対する法的な扱いの確立

資料：著者作成

（BdF）の議論が示唆していた通りである。

その場合に問題となるのは、むしろ、中央銀行が「法定通貨」としての地位を与えられていない通貨を供給することは望ましいことかどうかという、これまでとは逆方向の議論であろう。

つまり、中央銀行にとって決済システムの安定が重要な政策目的である以上、支払や決済のために安全な手段を提供することは基本的役割であり、その点では政策運営に起因する信認に止まらず、法的な意味での通用力を具備した通貨を供給することには合理性がある。

その上で、中央銀行がそうした裏付けのない通貨を発行することは、政策目的との間で微妙な問題を提起するだけでなく、本来は民間業者に委ねるべき機能にまで踏み込んでしまう点でも、その是非について意見の相違を伴いうる問題である。

実際問題として、主要国の中央銀行に関する根拠法によれば、現状のままでデジタル通貨を発行しうる先はほとんど存在しないとみられる。[20]つまり、いかなる形であれデジタル通貨を発行する上では、いずれにしても法的な手当てが必要となるわけである。その意味でも、上のような微妙な論点を惹起しないようにするためには、中央銀行デジタル通貨に関しても現在の銀行券と同様な「法定通貨」の位置づけを付与しておくことが、現実的には適切な対応となりうる。

■注■

1 主要国の中央銀行が物価目標を掲げる理論的背景や経緯は、例えばBernanke, Laubach, Mishkin, and Posen (1999) を参照。

2 こうした点に関する国際比較は、例えばDavies and Green (2010) を参照。

3 中央銀行は当座預金の開設と利用を認めることで、民間の決済システム同士、あるいはそうしたシステムに参加する民間金融機関による支払や決済を安全かつ効率的に行いうるようにすると同時に、直接の取引相手として監督しうる立場に立つ。

4 日本銀行当座預金の受払額は1営業日当たり約150兆円、件数も約7万件に達している（2018）。

5 こうした考え方の経緯や合理性については、例えば雨宮（2018）を参照。

6 イングランド銀行に関する経緯は、中央銀行による「最後の貸し手」機能に関する考え方を提示したことで有名なBagehot (1873) を参照。銀行券の乱立を収拾するという目的の点では、日本銀行も同じ経緯の中で設立された。

7 この点は、民間銀行による預金通貨の発行に対する間接的なコントロールも含めて、中央銀行が通貨全体に対して供給面から強い影響力を行使しうる面に基づく。

8 このような選択は、中央銀行デジタル通貨に必要な高い安定性を確保する必要があるという問題意識にも基づいているとみられる。

9 日本銀行当座預金の取引については、「当座勘定取引、準備預り金取引および日銀ネットの利用に関する手数料および料金」(https://www5.boj.or.jp/bojnet/tesuuryo/tesuuryo.pdf) を参照。

10 日本銀行（２０１７a）を参照。

11 少なくとも、日本、ユーロ圏、米国では、汚損による交換などを除いて無料である。

12 中央銀行からみれば、費用を徴収するためのコストが大きくて見合わないという公共財的な性質を有している面があろう。

13 通貨発行益の経緯や考え方については、例えばBuiter (2007) を参照。

14 少なくとも主要国の中央銀行は、毎年度の決算を政府に報告し、政府の承認や監査を受ける枠組みとなっている。この点に関する国際比較は古市・森（２００５）を参照。

15 中央銀行が無限の将来まで存続するとすれば、中央銀行の経済的な自己資本――つまり、通貨発行益の将来にわたる流列の現在価値――は、中央銀行デジタル通貨の開発や導入に係る費用を負担するのに十分な大きさがあると主張できる。しかしこうした主張も、将来のどこかで財政危機などによって自国通貨への信認が喪失され、通貨発行益が途絶する可能性まで考慮すると成立しなくなる。

16 こうした扱い自体は決して珍しいことではなく、近年では金融危機後の保有資産の肥大化とそれに伴う価格変動リスクの高まりを主因に、スイスで利益納付が一時的に停止されたり、日本で引当金積み増しのために国庫納付が抑制されたりしている。

17 この点に関しては、例えばMancini-Griffoli et al. (2018) を参照。

18 中央銀行当座預金による支払や決済は、当事者である民間金融機関や背後にある経済取引などの事情によって巻き戻されるリスクから解放されているという点で、「完結性（ファイナリティ）」を備えている。

19 例えば、白川（２０１１）の議論を参照。

20 この点に関してはＢＩＳ（２０１８）を参照。日本銀行に関しては日本銀行金融研究所（２０１９）が詳しい検討を加えている。

第7章 二段階アプローチによる中央銀行デジタル通貨の導入

前章までの議論を踏まえると、「一般目的型」のデジタル通貨を中央銀行が導入する場合、民間銀行の預金との代替に関して二段階で進めることの有用性が浮かび上がってくる。本章では、その理由や進め方について考えを整理していく。

1 第一段階における銀行券の代替

本章で議論する二段階アプローチとは、家計や企業にとっての支払や決済の手段に着目して、第一段階で銀行券だけを代替し、第二段階では民間銀行の預金との代替も可能とする方法である。第2章、第3章で見たように、これは、中国やスウェーデンが最初に採用する方針と基本的に同じである。

このアプローチに関しては、第一段階で中央銀行デジタル通貨の使用を銀行券の代替に止めることは実務的に可能かという疑問もあるかもしれない。実際、現在の金融システムの下では、家計や企業にとって、民間銀行の預金を引き落として銀行券を入手することが一般的だからである。

二段階アプローチの第一段階では、家計や企業は民間銀行の預金と交換に中央銀行デジタル通貨を入手することはできないが、別な手段を用いて入手することができる。まず、他の家計や企業との取引の対価として入手することが想定される。この場合は中央銀行デジタル通貨の持ち手が変わるだけなので、マクロ的にみればデジタル通貨の総量に変化はない。

ただし、そうした中央銀行デジタル通貨はそもそもどこから来るかといえば、先にみたKumhof氏とNoone氏の共著論文[1]が想定したように、家計や企業が保有する資産――例えば、有価証券や不動産など――を民間金融機関に売り渡し、その対価として中央銀行デジタル通貨を入手することが考えられる。これは、家計や企業にとって銀行預金との交換ではないので、第一段階の枠組みと整合的である。民間金融機関は、そのための中央銀行デジタル通貨を、中央銀行の資金供給オペや資産買入れによって入手することになる。

こうした枠組みの下では、家計や企業にとって銀行券を使用し続けるインセンティブは失われる。なぜなら、中央銀行デジタル通貨は支払や決済の手段として銀行券と同じ機能を果たしうるだけでなく、銀行券にはなかった利便性を発揮しうるからである。その際、銀行券が有していた匿名性は確かに低下するとしても、ある程度残存させることも可能である[2]。

このため家計や企業は、銀行券を民間金融機関に持ち込むことによっても、中央銀行デジタル通貨を入手することができるし、こうした行為は銀行預金と中央銀行デジタル通貨との交換を排除する第一段階でも可能である。同様に、民間金融機関はそうした銀行券を中央銀行に持ち込み、中央銀行デジタル通貨を入手する。

このように、中央銀行デジタル通貨が金融システムに流通していく仕組みを具体的に考えると、第一段階であっても、民間金融機関と、家計や企業との双方ともバランスシートの構成は変化しうる。その意味では、中央銀行デジタル通貨の発行を銀行券の代替に限定した場合には、現在は民間金融機関や家計、企業の資産の一部を構成している銀行券が単純に中央銀行デジタル通貨に置き換わるだけで、それ以外には影響が生じないという仮説は、実務的には必ずしも正しくない[3]。

その上で、マクロ的かつ結果的にみた場合には、民間金融機関や家計、企業にとって、以前には銀行券で行っていた支払や決済に必要な量以上に中央銀行デジタル通貨を保有するインセンティブがない[4]のであれば、最終的に、以前の銀行券の残高と新たな中央銀行デジタル通貨の残高には大きな違いが生じないのではないかと推測することはできる。

ただし、このような推論は、中央銀行デジタル通貨に対して、マイナスも含めてどのような付利をするかにも左右されることは言うまでもない。付利した場合には、家計や企業だけでなく、民間金融機関にとっても、中央銀行デジタルを含む資産の望ましい構成が変化するからである。このため、第一段階での中央銀行デジタル通貨の発行をあくまでも銀行券の代替に限定

図表7-1　「第一段階」のイメージと主な影響

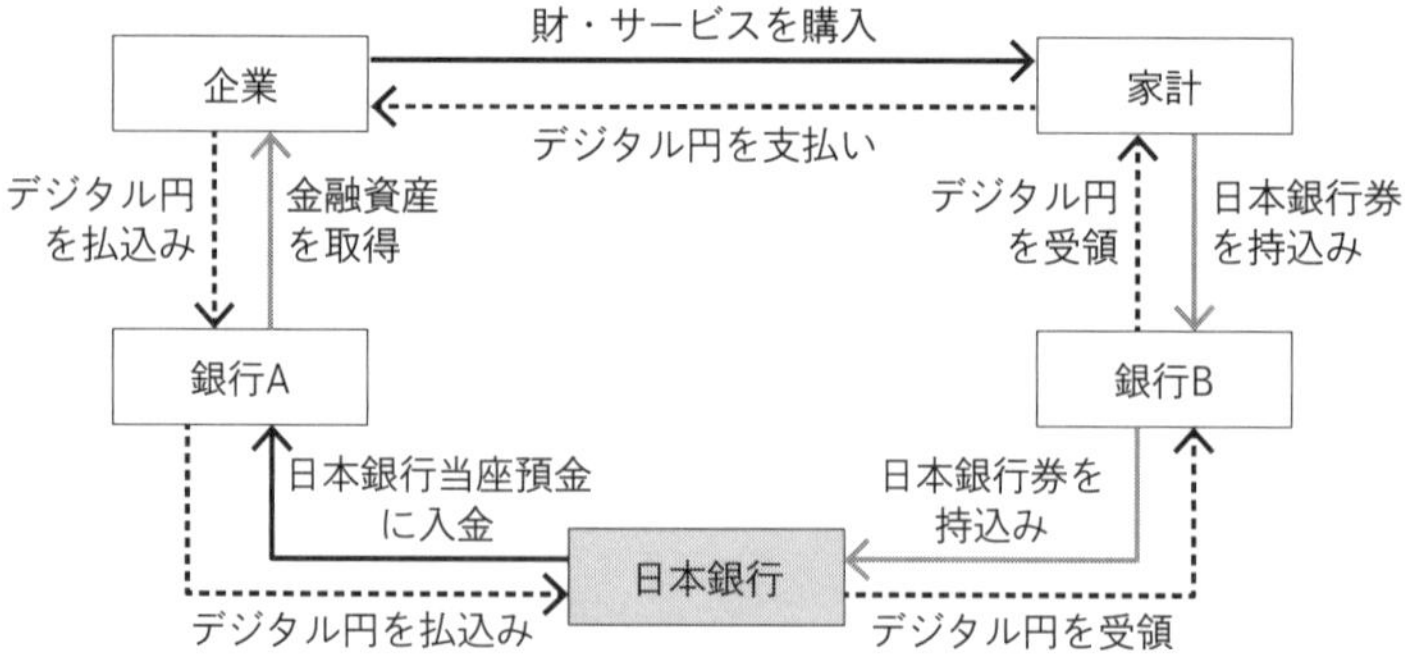

1）家計や企業のバランスシート

(資産)			(負債)
日本銀行券	-CBDC1		
デジタル円	+CBDC1	-CBDC1	
金融資産		+CBDC1	

2）民間銀行のバランスシート

(資産)			(負債)
日本銀行券	+CBDC1	-CBDC1	
日本銀行当座預金		+CBDC1	
デジタル円	+CBDC1	-CBDC1	
金融資産	-CBDC1		

3）中央銀行のバランスシート

(資産)	(負債)		
	銀行券	-CDBC1	
	日本銀行当座預金		+CBDC1
	デジタル円	+CBDC1	-CDBC1

CBDC1:銀行券を代替して発行される中央銀行デジタル通貨の金額
資料：著者作成

するためには、付利の選択肢を放棄することも重要な条件となる。

このようないくつかの条件付きではあるが、第一段階には、中央銀行デジタル通貨を既存の金融システムに大きな影響を与えずに導入しうることは、高度に発達した複雑な金融システムを有する主要国にとってむしろ大きな魅力となる。

そこで、家計や企業が、現在の銀行券と同じく付利のない中央銀行デジタル通貨を本当に使うのかという疑念もあろう。

しかし、デジタル通貨には銀行券のような保管や受払のための物理的なコストがないだけでなく、同じプラットフォームの上で、民間業者が提供する多様な金融サービスに関する支払や決済を円滑に行いうるといった利便性や効率性が期待できる。上にみた一定程度の匿名性の維持も含めて、中央銀行デジタル通貨には、銀行券に対するアドバンテージが生じうる。

同時に金融機関も家計や企業も、第一段階を通じて中央銀行デジタル通貨の使用に習熟したり、これをインフラとして活用する金融サービスのイノベーションを一層本格的に進める時間を確保したりすることができる。この点は、第二段階で中央銀行デジタル通貨を活用した金融サービスの効率化や高度化をさらに進める上で大きな意味がある。

中央銀行を含む金融当局にとっても、第二段階での本格的な導入に向けて、法制面の対応や金融システムの安定と金融政策の波及効果の維持に向けた枠組みの整備を進めることができる。加えて、第二段階では、家計や企業が銀行預金を用いて行ってきた支払や決済の少なくとも一部を移行する上で、処理の時間的密度や件数に関する技術的ハードルをクリアするための時間に充てることもできる。

こうした時間的な猶予は、クロスボーダー取引での利用にとっても有用である。つまり、中央銀行デジタル通貨の利用をこれまでの銀行券の範囲に止める間に、自国のみならず相手国との関係でも、既存の金融システムとの円滑な連携に向けた対応を進める時間を得ることができる。

その際、中央銀行を含む金融当局にとっては、個人情報や取引情報を適切に管理することができれば、現在のように銀行券がクロスボーダー取引にも実質的に使用されうる状況に比べて、マネーロンダリングやテロ資金、自国内での税負担の回避といった目的での取引の防止をより有効に行うことができるようになる。

2　第二段階における銀行預金の代替

第二段階では銀行預金と中央銀行デジタル通貨との代替も許容される。つまり、銀行預金が果たしてきた支払や決済の手段としての役割の少なくとも一部を、中央銀行デジタル通貨が代替しうるようになるわけである。

前節の議論から推察できるように、第二段階では、家計や企業が民間金融機関の銀行預金を引き落として、中央銀行デジタル通貨を入手できるようになる。民間金融機関は、銀行券との交換だけではなく、中央銀行による資金供給オペや資産買入れも活用して、[5]中央銀行デジタル通貨を入手する。

そのことがどういう意味を持つかを明確にするため、極端な仮定ではあるが、中央銀行デジタル通貨が全ての銀行預金を代替する状況を考えることとしよう。

民間銀行の負債からは銀行預金が消滅するので、そのままでは資産とのバランスが崩れる。しかし、民間銀行が資産側で行っている金融仲介活動、つまり貸出や有価証券投資は、家計や企業、さらには国や地方公共団体による経済活動を支えているだけに、資金が調達できなくなったという理由で、民間銀行がこうした活動から撤退して負債と資産の規模をいわば縮小均衡させることは当然に望ましくない。[6]

こうした状況を回避して金融仲介を維持するための直接的な方法は、民間銀行の金融仲介を中央銀行が代替することである。具体的には、中央銀行が家計や企業、公的部門に対する貸出や有価証券投資を直接に行うことで、これらの経済主体のニーズを支えることである。この場合、民間銀行の資産側にあった貸出や有価証券投資と負債側にあった銀行預金が、各々、中央銀行の資産側と負債側にシフトする——ただし、銀行預金は中央銀行デジタル通貨に置き換わる——ことになる。

第二段階では、中央銀行デジタル通貨が銀行預金と同様に支払や決済の手段として制約なく

図表7-2　「第二段階」のイメージと主な影響

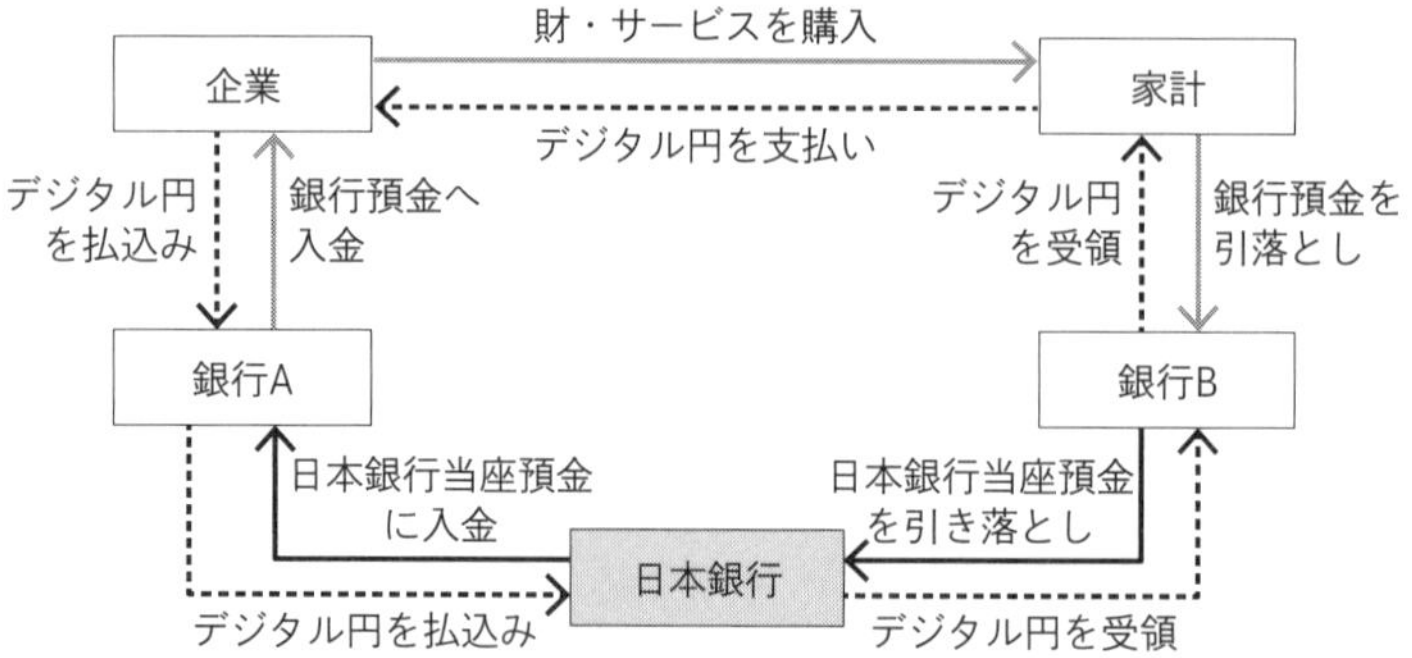

1）家計や企業のバランスシート

（資産）			（負債）		
銀行預金	-CBDC2	+CBDC2			
デジタル円	+CBDC2	-CBDC2			

2）民間銀行のバランスシート

（資産）			（負債）		
日本銀行当座預金	-CBDC2	+CBDC2	預金	-CBDC2	+CBDC2
デジタル円	+CBDC2	-CBDC2			

3）中央銀行のバランスシート

（資産）			（負債）		
			日本銀行当座預金	-CDBC2	+CBDC2
			デジタル円	+CBDC2	-CDBC2

CBDC2:銀行預金を代替して発行される中央銀行デジタル通貨の金額
資料：著者作成

使用できるので、こうしたシフトが円滑に実現できれば、家計や企業、公的部門が資金調達を維持できる点で不利益を被ることはない。また、民間金融機関は中央銀行デジタル通貨をインフラとして活用しつつ、与信以外の様々な金融サービスを提供することになるので、マクロ的にみて利便性の追加的な向上も享受しうる。

しかし、この方法に伴う最も大きな副作用は、既に度々触れてきたように、中央銀行が金融仲介を通じて経済全体の資源配分に直接的に介入するようになることである。

こうした状況は旧共産圏諸国ではむしろ一般的であり、政府が決めた中長期の経済計画に沿って、「中央銀行」が特定の産業に対して貸出や投資も行っていた。第2章でみた中国の論文が、中央銀行デジタル通貨による銀行預金の全面的な代替を認めると、中国人民銀行は１９８４年以前の姿に戻るという皮肉な表現で指摘している[7]のは、まさにこの現象である。新興国が先進国に対するキャッチアップを目指す局面であれば、日本のかつての財政投融資制度などが示唆するように、明確な経済計画に即した中央集権的な金融仲介にも意義はある。しかし、現在の主要国を前提にした場合、民間の家計や企業に対して適切な与信判断を行う点で、中央銀行が民間銀行よりも優れていることはほとんど考えにくい。この点は、第4章でみたスイスでの「ソブリン・マネー」を巡る議論で確認した通りである。

そうした問題を無視して強行すれば、むしろ経済資源の配分を歪め、潜在成長率を下押ししてしまう恐れが強い。しかも、中央銀行自身が貸出の不良債権化を招き、それらが深刻な状況になるようだと、通貨に対する信認の毀損を通じて大規模な対外資本逃避を招くことすら考えられる。

この点に関しては、世界金融危機後に主要国の中央銀行が大規模な「量的緩和」を展開してきた点を踏まえて、中央銀行による経済の資源配分に対する介入[8]は既に実質的に常態化しており、新たな問題ではないという考え方もありうるかもしれない。しかし、ここで議論しているのは、家計や企業に対する貸出を中心とする金融仲介全体を中央銀行が直接にコントロールする世界であり、定性的にも定量的にも次元の違う問題である。

このような深刻な副作用を踏まえて、中央銀行デジタル通貨に関する文献[9]が想定している方法は、民間銀行が銀行預金の代わりに短期金融市場や資本市場で資金を調達することで、資産側の貸出や有価証券投資を維持するものである。民間銀行による市場ベースでの資金調達は、欧米諸国のように預貸率が１００％を上回る国々では既に一般的である。これまではそうした手段は補完的な位置づけを与えられてきたが、今後は主たる手段にするということである。

この方法に関する難点として考えられるのは、まず、民間銀行にとっての資金調達コストが上昇する可能性である。実際、主要国では、銀行預金――特に流動性預金――の利回りに比べて短期金融市場や資本市場における資金調達の利回りは相対的に高く、そうした傾向は長年にわたって一般的であった。この点は、短期金融市場におけるレポ取引や資本市場におけるカバードボンドの発行のように、担保付での資金調達を考慮しても結論は変わらない。

そのような差異の最も直接的な理由は、少なくとも小口の銀行預金に対しては預金保険が付与されており、価値が毀損するリスクが事実上皆無であることが挙げられる。また、本書のテーマに即して言えば、銀行預金――なかでも要求払預金――は家計や企業にとって主たる決済手段でもあり、特に高い流動性を有していることを反映している。つまり、銀行はこうしたサービスの対価を暗黙のうちに預金金利から差し引いていると考えることもできる。

そのような合理性があるだけに、民間銀行が銀行預金から市場ベースでの資金調達にシフトする場合には資金調達コストが上昇することは避けがたい。したがって、多くの文献が懸念するように、資金調達コストの上昇が貸出金利に転嫁される結果、マクロ的にみて金融仲介にマイナスの影響を及ぼすリスクがある。

もう一つの難点は、民間銀行の流動性リスクが上昇する恐れである。短期金融市場や資本市場では、金融システムにストレスがかかった場合に、既存の資金調達の更改（ロールオーバー）が困難になったり、新規の資金調達が困難になったりしやすい。この点は、世界金融危機や欧州債務危機の際に実際に観察された通りである[10]。だからこそ、主要国の流動性比率規制は、民間銀行に対して、家計や企業の預金による資金調達にインセンティブを付与しているわけである[11]。

この点からみて、中央銀行デジタル通貨の導入に伴って、民間銀行に対して短期金融市場や資本市場からの資金調達への大きなシフトを促すことは、金融システムの安定との関係からみても望ましくないことになる。

これらの検討を踏まえて議論を元に戻すと、中央銀行デジタル通貨の第二段階で民間金融機関の預金が代替されても、民間銀行が貸出や有価証券投資を通じた金融仲介を引続き担いうるよう、中央銀行が民間銀行による資金調達を支えるという別な方法が浮かび上がる。

そのための具体的な方法としては、先に触れたように、中央銀行が資金供給オペの形で与信を供与するか、民間銀行の保有する有価証券などを買入れることが考えられる。第二段階では、中央銀行デジタル通貨の支払や決済の手段としての使用には制約がないので、民間銀行は入手した中央銀行デジタル通貨を使用して貸出や有価証券投資を行うことができる。しかも、これらのオペレーションは、中央銀行が長年にわたって実施してきたものと形態上は同じである。[12]

この方法の下では、中央銀行が民間銀行の要請に対して中央銀行デジタル通貨をどの程度供給するかに裁量の余地が生ずる。これは第8章でみるように、金融政策ないしマクロプルーデンス政策の新たな手段となりうる一方で、民間銀行による金融仲介に対して、政策金利の調節のような価格メカニズムを通じた現在のやり方よりも強い影響力を行使しうることになる。

その意味で、中央銀行による金融仲介へのいわば間接的な介入に関して相応の懸念も残るが、中央銀行が直接に家計や企業に対する貸出を行う方法に比べれば、副作用の度合いは少ない。また、第二段階の下でも、銀行預金が与信手段として補助的な役割を維持できれば、副作用は一段と小さくなる。[13]

むしろ、この方法に関して文献が指摘してきた副作用は、こうした資金供給を通じて中央銀行の資産規模が肥大化することであった。ただし、本節での仮定の下では中央銀行デジタル通貨が銀行預金を代替する結果、経済全体としてみた通貨量には大きな変化がなく、その意味で物価や資産価格に対して新たなストレスが生ずることは考えにくい。

もちろん、中央銀行が主として新規の資産買入れによって中央銀行デジタル通貨を供給する場合には、中央銀行のバランスシートにおける金利リスクは増加しうる。ただし、それらは民間銀行による貸出や有価証券投資のための資金調達の下支え（バックファイナンス）である点を考えると、買入れる資産の満期構成をむしろ短期化しうる余地も出てくる。

また、この方法であれば、貸出や有価証券投資を通じて得られる個人や企業に関する様々な情報も、現在と同じく民間銀行に蓄積されることになる。伴せて、中央銀行がデジタル通貨の使用自体に伴って収集し蓄積する個人情報や取引情報を適切に共有あるいは還元するようにすれば、中央銀行による個人や取引に関する情報の独占や適切な還元といった問題も大きく軽減される。

そもそも、現在の金融システムでは、究極的には民間企業の負債に過ぎない銀行預金を、支払や決済の手段として広範に使用している。こうした手段の価値が毀損したり、毀損のリスクに対する不安が高まったりしないように、中央銀行や監督当局は預金保険を導入し、民間銀行に強力な規制と監督を課しているほか、金融危機の際には「最後の貸し手（LLR）」の発動や公的資金による資本増強も含め、手厚い救済措置を講ずるわけである。

これに対し中央銀行デジタル通貨によって銀行預金を代替した場合には、家計や企業、さらには公的部門も含む幅広いユーザーにとって、通貨の価値が毀損するリスクが顕著に低下するという意味で、通貨に対する信認の向上という大きなメリットが生ずる。金融危機の際にも――深刻な財政危機などを伴わない限りは――通貨自体に対する信認の低下による「預金取付け」のような事態を回避しうる。さらに、第8章で詳しくみるように、民間銀行における流動性リスクは顕著に軽減し、それに伴って規制や監督も軽減させうる余地が生ずる。

3　銀行預金の代替に関する調整の可能性

このように、長い目でみて中央銀行デジタル通貨が銀行預金を代替することは可能であり、しかも少なからぬメリットが存在する。一方で、その過程では金融仲介のあり方や民間銀行のビジネスモデル、金融規制や監督のあり方に影響を及ぼすだけに、一定の移行期間を設けることにも意義が存在する。

この点は、これまでの中央銀行デジタル通貨に関する文献でも当然に意識されるとともに[14]、実務的にもそうした対応が可能であるとの前提で議論を進めている例が散見される。具体的には、民間金融機関や家計、企業にとっての中央銀行デジタル通貨の利便性やメリットを段階的に高めていくことで、銀行預金との併存を一時的に維持しうるとの考え方である。

そのための最も単純なやり方は、中央銀行デジタル通貨の付利水準を銀行預金よりも低位に維持することである。本書の第３章や第４章でも触れたように、民間銀行が提供する流動性預金の金利は実際には極めて低位であることを前提として、中央銀行デジタル通貨には、少なくとも一時的にはマイナスの付利を行うことを支持する意見も多い。

しかし、この方法は中央銀行デジタル通貨と銀行預金とを併存させるためには合理的であるとしても、中央銀行デジタル通貨の魅力を大きく減殺し、支払や決済の手段としての使用にとって支障になる恐れもある。しかも、主要国が現在のような低金利環境にある下では、中央銀行デジタル通貨に対する付利はより深くマイナスとせざるを得ないという意味でも、難しい課題を抱えることになる。

そこで、別なやり方として、家計や企業が保有する中央銀行デジタル通貨の残高に、少なくとも一時的には上限を設けることも考えられる[15]。

中央銀行デジタル通貨を、あくまでも支払や決済の手段として位置づけるのであれば、残高に上限を設けることには一定の合理性がある。実際、既に主要国で幅広く使用されている「電子マネー[16]」には、日本のSuicaなどのようにチャージ金額に上限が設定されていることが多い点で、家計や企業はこうした扱いに習熟している。

もちろんこの方法にも課題はある。つまり、具体的な上限をどのように設定するかということに加えて、中央銀行デジタル通貨の企業間での支払や決済を少なくとも一時的には排除する可能性がある点である。主要国での高額紙幣の券面額や「電子マネー」の残高上限額を参照しつつ、中央銀行デジタル通貨の保有残高に上限を設定すれば、家計相互間や家計と企業との取引に係る支払や決済はカバーできるであろうが、企業間での支払や決済にカバーしえない領域が生ずる可能性は残る。

ただし、こうした対応はあくまでも移行期間に限定される。最終的には残高の上限を撤廃することになるし、その間も企業間の支払や決済は従来と同じく銀行預金によって行うことは可能である点を踏まえれば、こうした対応に深刻な問題があるとは思えない。

大企業にとっては、ネッティングやクリアリングを活用した効率的な支払や決済によって、銀行預金による支払や決済のニーズが既に低下していることも考えられる。その上で、中央銀行デジタル通貨を企業間の支払や決済にも活用してもらう上では、移行期間を通じて残高の上限を徐々に引き上げる[17]ことと併せて、中央銀行デジタル通貨をインフラとする金融サービスの開発について、企業向けの面でも促進を図ることが重要になる。

このように移行期間における時間の経過とともに、中央銀行デジタル通貨をインフラとして活用する金融サービスが質的にも量的にも充実していくことも、中央銀行デジタル通貨による銀行預金の代替を漸進的に進めることに繋がりうる。

つまり、中央銀行が最初にデジタル通貨を導入した際には、家計にとっての利便性は、銀行券の保管や支払に関するコストの回避や、既存の「電子マネー」よりも幅広い目的での使用可能性といった点に限られるだけに、あえて人為的な制約を課さなくても、中央銀行デジタル通貨の使用が急速に拡大することはなく、銀行預金と併存することが考えられる。

その後、移行期間の中での時間の経過とともに、様々な金融サービスとの親和性や連動性の高まりとともに、中央銀行デジタル通貨の利便性や効率性が高まり続けることで、銀行預金の支払や決済の手段としての相対的な魅力が徐々に低下していくことが考えられる。

もちろん、こうしたいわば市場メカニズムに即した円滑な移行が進むためには、移行期間の途中で金融システムにストレスが生じた場合にも、銀行預金から中央銀行デジタル通貨への急速なシフトが起こらないことが大前提である。この点は第8章で詳しく議論することとしたい。

本節の最後に、銀行預金の資産運用手段としての性格についても議論しておきたい。中央銀行デジタル通貨が支払や決済の手段として広範に活用されるようになっても、銀行預金は、資産運用の手段というもう一つの重要な役割によって生き残る可能性があるからである。

銀行預金を資金運用手段としてみた場合には、利回りの高さ――特に中央銀行デジタル通貨に対する付利水準と比較した利回り――が重要になる。つまり、民間銀行が預金に対して相対的に高い利回りを付与すれば、家計や企業にとって魅力的な資金運用手段として活用され続ける可能性は残る。

ただし、それに伴って資金調達コストが顕著に上昇するようであれば、民間銀行は市場ベースの資金調達へとウエイトをシフトする可能性も生ずる。

また、民間銀行が現在と同様に預金をインフラとして様々な金融サービスと連携させたり、預金口座から得られる取引情報を活用して金融サービスを効率化させたりすることで、家計や企業にとっての利便性を強化しつつ、銀行預金の存続を図ることはありうる。

ただし、こうしたビジネスは中央銀行デジタル通貨という共通インフラの上でより効率的に構築し展開されるはずであるし、銀行預金が支払や決済の手段としての機能を失い、もっぱら資産運用の手段として使用される場合にも口座情報が有用な経営資源になるかどうかには判然としない面がある。[18]

銀行預金が資金運用の手段としての意義を持ち続ける上では、中央銀行を含む金融当局の対応も重要な要素となる。例えば、民間銀行に対して強力な規制と監督を行い、金融面でストレスが生じた場合には「最後の貸し手」としての与信や自己資本の増強を行うのであれば、銀行預金の高い信用力も維持され、家計や企業からみて安全性の高い資金運用の手段となる。

もっとも、現在の金融システムで民間銀行がこのように特別扱いされている最大の根拠は、銀行預金が支払や決済の手段として広範に使用されており、その機能が損なわれることは、金融システムの安定だけでなく、経済活動全般の円滑な遂行にも大きな脅威となることにある。[19]

したがって、中央銀行デジタル通貨の導入に伴って銀行預金の役割が変質した後も、預金保険の位置づけも含めて[20]、そうした対応を維持することの合理性には疑問が生ずる。これらの点を総合すると、長い目でみた場合、銀行預金が資産運用の手段としての意義だけに基づいて、現在のような重要な位置を占め続けることは難しいように見える。

もちろん、家計や企業には流動性の高い資金運用手段に対するニーズは存在し続けるであろうし、民間金融機関もそうしたニーズに対応する金融サービスを提供するのであろう。しかし、それは必ずしも銀行預金そのものとは限らず、例えば、政府短期証券のような安全資産のみで運用するＭＭＦのように、金融当局による実質的な保証ではなく、運用資産や運用方法の安全性を裏付けとした資金運用の手段となることが考えられる。

BOX　銀行預金が果たす機能

本文でみたように、民間銀行の預金は銀行券や中央銀行当座預金とともに、経済活動に不可欠な通貨の一翼を担っている。

銀行預金の機能として最初に思い浮かぶのは、「価値保蔵の手段」としての機能であろう。銀行預金は、少なくとも平時には安全性が高く、しかも流動性預金の場合には容易に現金化することができる。低金利環境の長期化に伴って貯蓄形成の手段としての魅力は低下したが、家計や企業が日常の経済活動を行うのに必要な資金を一時的に維持する手段として広く活用されている。

銀行預金は「支払や決済の手段」としての機能も有している。主要国では、家計や企業による支払や決済の手段として、銀行預金の振替が高いシェアを占めている。しかも、現在の金融システムの下では、クレジットカードやデビットカード、電子マネーの多くも、最終的な資金の決済を銀行預金の振替に依存していることを考慮すれば、銀行預金は支払や決済の手段として、実質的にドミナントな地位を占めている。

中央銀行デジタル通貨が銀行券の代替に止まらず、銀行預金の少なくとも一部も代替することを容認する場合には、上記二つの機能のうちで「支払や決済の手段」としての機能を代替することを意味する。なぜなら、この機能は家計や企業の経済活動を支える上で極めて重要性が高い一方、民間企業の負債に過ぎない銀行預金に対する信認は、金融システムにストレスが生じた場合には容易に毀損するからである。つまり、経済の重要なインフラである「支払や決済の手段」としての機能を、公的な主体である中央銀行が直接支えることで頑健性を強化することには合理性がある。

これに対して「価値保蔵の手段」としての機能まで、中央銀行デジタル通貨が直ちに代替するよう意図することは別な問題である。民間銀行が預金と貸出の変換を通じて担ってきた金融仲介が維持できなくなり、全ての金融仲介が市場ベースになるか、あるいは中央銀行自身が金融仲介を担うかのいずれかが必要になる。前者は中小企業向けの与信などにおける情報の非対称性を考えると無理があり、後者も非効率な資源配分を招くリスクが大きい。もちろん、小額の金融資産を保有する主体に対して信用リスクのない「価値保蔵の手段」を提供することには消費者保護の観点で意義があるが、そのために中央銀行デジタル通貨を使用しなくても、預金保険制度によって既に担保されている。

このように、中央銀行デジタル通貨の導入は、まずは銀行預金が果たしてきた機能をアンバンドリングし、「支払や決済の手段」としての機能を代替するようめざすべきである。

注

1 Kumhof and Noone（2018）を参照。第3章でみたBindseil氏の論文（Bindseil（2020））も同様な想定を置いている。

2 例えば、①個人情報や取引情報はマネーロンダリングやテロ資金の防止といった特定の目的のみに使用する、②そうした情報は資金の流れと分離し、別の認証機関が収集し、蓄積するといった対応が考えられる。

3 逆に言えば、こうした仮説が満たされるには、中央銀行デジタル通貨の発行は、中央銀行と民間金融機関との間、および民間金融機関と家計や企業との間の双方ともに、銀行券との交換だけに限って行うようにする必要がある。

4 この点も、銀行券の有していた匿名性の意義に対する家計や企業の評価によって影響されうる。

5 民間金融機関は、中央銀行に保有する超過準備を取り崩すことによっても、中央銀行デジタル通貨を入手することができる。主要国の中央銀行が巨額の超過準備を維持している現状を前提とすると、むしろ現実的な想定であるが、後でみるように、その場合には影響が異なる。

6 長い目でみて、民間銀行以外の主体がこうした貸出を代替することで、それまでと変わらないコストによって金融仲介を維持できれば、それでも良いと考えることもできる。しかし、このようなレジームチェンジには時間とコストを要することに留意する必要がある。
7 穆（2019）を参照。
8 「量的緩和」の主たる手段である国債買入れは、結果的には財政支出を下支えすることで、政府による財政政策を通じた資源配分に間接的に関与している。
9 Kumhof and Noone（2018）や Bindseil（2020）を参照。
10 世界金融危機の際に観察されたことは、小口の預金者による典型的な「預金取付け」よりも、短期金融市場における運用資金の引き揚げや取引の実質的な停止の方が、はるかに急激かつ大規模に進展したことであった。
11 いわゆる Basel III の下での流動性比率規制の概要は、BIS（2018a）、同（2018b）を参照。
12 こうしたオペレーションは、現在は中央銀行当座預金を対価として行われているが、その対価を中央銀行デジタル通貨に変えることになる。ただし、より詳しくは「大口型」と「一般目的型」との円滑な交換が必要となる。この点は第8章で検討する。
13 この場合、中央銀行が中央銀行デジタル通貨の供給を調節することで、裁定関係を通じて短期金融市場や資本市場の金利が変化する結果、民間銀行による家計や企業への貸出金利が変化するという、現在と同じような波及効果が生ずることになる。
14 例えば、Kumhof and Noone（2018）や Bindseil（2020）を参照。
15 第3章でみたE－kronaにおける残高制限は、ウォレットのような分散型におけるマネーロンダリングやテロ資金の防止といった、別な目的に基づくものであった点に注意する必要がある。
16 Suicaに対するチャージの上限は2万円である。また、ロンドンの公共交通等で使用できる Oyster のチャージの上限は90ポンドである。
17 筆者のような世代にとっては、自由金利預金の段階的な小口化をイメージするとわかりやすい。
18 民間銀行にとっては、当座預金の入出金の監視を通じて、支払や決済のもとになった取引の内容や相手方に関する情報を入手できることが、取引先に対する適切な与信判断に繋がりうる。例えば、野村総合研究所（2017）を参照。

19 銀行監督の根拠として挙げられる「公共性」（例えば、日本の「銀行法第1条」）は、主としてこの点に関わっていると考えられる。

20 中央銀行デジタル通貨が支払や決済の手段としての銀行預金を代替した場合には、支払や決済の手段自体の価値が喪失するリスクは顕著に低下するので、こうしたリスクをカバーする上では預金保険の意義も失われる。ただし、中央銀行デジタル通貨の実際の受払を、家計や企業が民間金融機関に開設した口座によって行う場合には、民間金融機関の破綻等によって、少なくとも流動性リスクの意味で、家計や企業による支払や決済に支障をきたすリスクは残存するため、それをカバーするための公的機関——預金保険ではないとしても——を別途設けることには意味がある。

第8章 経済政策に対する影響

中央銀行デジタル通貨の導入に伴って、金融規制や監督と金融政策にはともに効果の波及の面で大きな変化が生じうる。それらの中には望ましい方向での変化がある一方で、新たな課題をもたらすものも含まれる。それだけに、中央銀行を含む金融当局にとっては、これらの政策の手段や運営方法に関して様々な見直しも必要になる。本章では、国際金融に関する政策も併せて、変化の内容と対応のあり方を整理していく。

1 金融規制や監督への影響

家計や企業が支払や決済に用いる手段としての通貨が、当初は全てでないとしても、銀行預金から中央銀行デジタル通貨へシフトしていくこと自体は、金融システムの安定を維持する上で望ましい方向での変化である。

なぜなら、通貨の価値が喪失するリスク――つまり通貨自体の信用リスク――が極めて小さくなり、通貨の価値を支えるための特別な仕組みの必要性も大きく低下するからである。

つまり、銀行預金は、民間企業である銀行の負債に過ぎない。それが支払や決済に幅広く使用されるためには、その価値が容易に喪失したり、喪失に対する懸念が生じたりしないように、民間銀行のバランスシートの内容やその運営に対して、強力な規制と監督を行う[1]必要がある。

また、預金保険によって小口の預金に対する信認を維持することに加えて、金融面でのストレスが生じた場合にも、経済活動を支払や決済の面から支える役割が維持されるよう、中央銀行が民間銀行に対して「最後の貸し手」[2]としての資金供給を行ったり、金融当局が公的資金を使って民間銀行の資本を補強したりすることも必要となる。

それに対して、支払や決済が中央銀行デジタル通貨という信用リスクのない手段で行われるようになると、その価値に関する信認が喪失するリスクは実質的に払拭されるので、銀行預金とそれを発行する民間銀行の信認と機能を支えるための、このような大掛かりな枠組み[3]は不要になる。

こうした変化の持つ意味は決して小さくない。

実際、主要国では、ほぼ10年周期で金融危機が繰り返され、そのたびに規制や監督の抜け道が明らかになると共に、公的資金も大規模に使用された[4]。経済活動における通貨の役割が不可欠であることに異論はないとしても、中央銀行を含む金融当局の危機対策は結果的に民間銀行を救済することになった。結果として、民間銀行にはモラルハザードが生じやすいことに対して、家計や企業からも極めて厳しい批判がなされてきたわけである。

もちろん、家計や企業の支払や決済が全面的に中央銀行デジタル通貨によって行われるようになっても、金融面でのストレスが全て消滅するわけではない。

既にみたように金融仲介の機能は引続き銀行を含む民間金融機関が担うことになろうが、そうした金融機関による与信が不良債権となったり、その恐れが高まったりした場合には、家計や企業は民間金融機関から資金を引き揚げることになろう。前章でみたように、それは銀行預金でなくＭＭＦのようなファンドかもしれず、したがって、銀行預金の引き出しでなくＭＭＦの償還の形をとるかもしれないが、民間金融機関の負債側から資金が流出する意味では実質的に同じである。

しかし、そうした状況が生じても、民間金融機関はＭＭＦのようなファンドに対しては元本や流動性の保証を付していないとすれば、そうしたストレスの影響は、資金の究極の出し手である家計や企業と、究極の借り手である家計や企業との間で何らかの形で分担され、現在のように民間金融機関にストレスが集中するわけではない。

つまり、資金の出し手は不良債権化した与信に伴う損失をいったん受け入れた上で、資金の借り手から回収を図ることになる。この点は、現在の投資信託などにおいて、投資先の債券がデフォルトしても、損失は投資家が負担した上で債券の発行体に求償することになり、投資信託の運営主体には実質的に負担が生じないことと同じである。

もちろん、家計や中小企業のような小口資金の出し手に、そうした求償の手続きを要求することは、コストや知見の面で現実的ではないことも事実である。したがって、こうした小口の資産運用に対しては、価値が喪失するリスクを抑制するための措置——例えば、小口投資家向けの保護基金のようなもの——も必要とされるかもしれない。

これは、金融機関が破綻した場合に資金の出し手を保護する目的を有する預金保険と外見上は似ている。しかし、民間銀行の負債である銀行預金を通貨として用いる現在の金融システムの下では、そうした場合に通貨の価値自体が毀損するリスクがあるのに対し、中央銀行デジタル通貨を用いる場合には、そうした場合にも通貨の価値自体は維持される点で意味合いが異なる。つまり、この保護基金は、民間金融機関が家計や企業の資金運用を受け入れる際の説明の不備や不正行為に伴う問題に対処することが、大きな意義となる。

このような議論から、さらにいくつかのインプリケーションが得られる。

第一に、中央銀行デジタル通貨が支払や決済の手段として広範に使用されるようになれば、銀行とそれ以外の金融機関との機能の違いが大きく低下し、結果として民間金融機関が同質化する可能性である。

民間銀行は支払や決済に使用される預金を発行する点で、他の金融機関とは大きく異なる特性を有し、したがって特別な規制や監督と実質的な保護を受けてきた。銀行預金の通貨としての役割が低下し、引き続き金融仲介を担うとしても市場性の資金調達手段によってそれを支えるとすれば、民間銀行の機能はＭＭＦのようなファンドと実質的に変わらないことになる。

もちろん、これまでに民間銀行に蓄積された企業に対する与信判断の能力は依然として有用であり続けるし、その点で競争上の優位性を維持することは考えられるが、それはあくまでも同じ業態内での相対的な優位性[5]に変化する。

第二に、本節の議論は、家計や企業が中央銀行デジタル通貨を支払や決済の手段として活用する一方、資金運用には民間金融機関が提供するＭＭＦのようなファンドを活用することを前提としているが、少なくとも理論的には、中央銀行デジタル通貨が資金運用の手段としても活用される可能性は存在する。

現在の銀行預金と同じように、中央銀行デジタル通貨が、支払や決済の手段と同時に資金運用の手段としても活用できるのであれば、家計や企業からみた利便性は向上するであろうし、信用リスクのない資金運用手段が利用可能であることは社会厚生の面でも意義を有する。

一方で、中央銀行は資産運用の目的で集まる資金に対しては相応の利回りを提供することが必要になるだけ[6]でなく、これまで民間銀行が果たしてきた金融仲介をいわば肩代わりする形で、そうした資金を民間企業や政府に対して与信の形で還元しなければならなくなる。

しかし、既にみたように、金融仲介は中央銀行に相対的な優位性がない分野であり、マクロの効率的な資源配分の観点から、引続き民間金融機関に委ねることが合理的である。これを逆に言えば、中央銀行デジタル通貨には、もっぱら支払や決済の手段として使用されるよう、何らかの工夫が必要になる。

そのためには、例えば、中央銀行デジタル通貨への付利水準を低位に維持することで、家計や企業が当面の支払や決済に必要な金額だけを中央銀行デジタル通貨として保有するように促すことが考えられる。これまでの文献にはこうした提案が散見されるが[7]、現在のような低金利環境では適切な付利水準の設定が難しいかもしれない。

その意味では、中央銀行デジタル通貨の保有残高に上限を設けることも選択肢であり、その円滑な実施の観点からは、中央銀行デジタル通貨をインフラとして活用する金融サービスに対して、自動的なスイープのような仕組みを義務付けることも考えられる。あるいは、現在の預金保険と同じように、中央銀行デジタル通貨も一定の残高を超えた部分には価値を保証しないといった方法[8]も考えられる。

しかし、中央銀行デジタル通貨とその他の金融資産との交換可能性について、より慎重に議論する必要があるのは、金融面でのストレスが生じた場合の対応である。

つまり、上記のような工夫の下で、家計や企業は平時には余裕資金をＭＭＦなどのファンドに運用していたとしても、ある民間金融機関ないし金融システム全体で不良債権が増加するといった事態が生じた場合、そうした資金を中央銀行デジタル通貨に移そうとすることが予想される。

これは現在の金融システムでも金融危機の際に生ずる「預金取付け」と似た現象であるため、主要国の中央銀行による文献では「デジタル預金取付け」と呼ばれることも多い。

つまり、「預金取付け」は決済や手段の支払としての銀行預金に対する信認の喪失を背景に、銀行券へのシフトを生ずるものである一方、ここでの「デジタル預金取付け」は資金運用手段としてのＭＭＦなどのファンドへの信認の喪失を背景に、中央銀行デジタル通貨へのシフトを生ずるものである。このように両者の形態は異なるが、信用リスクのない資産へと資金を逃避させようとする現象面で共通している。

主要国の中央銀行による文献には、「デジタル預金取付け」を中央銀行デジタル通貨の導入における大きな課題として指摘するケースがみられる。[9] 確かに、人々が銀行の店舗に行列を作り、物理的に銀行券を入手しようとする「預金取付け」に比べて、「デジタル預金取付け」はパソコンやスマートフォンの操作によって効率的に生じうる点で、従来よりも急速かつ急激に進行する恐れはある。

もっとも、世界金融危機の経験が示すように、信認を喪失した民間金融機関やそうした金融機関が多く所在する国の金融システムから、相対的に価値が安全とされる資産への資金の逃避は、少なくとも規模の面では、小口預金者のパニックではなく、民間金融機関同士の取引を通じて起こるものが圧倒的に大きい。[10]

しかも、これらの取引は既にデジタル化しているだけに、現在でも急速かつ急激に進行しうる面も有している。この点を踏まえれば、中央銀行デジタル通貨の下で生ずる可能性のある「デジタル預金取付け」をマクロ的な脅威として過度に警戒することには違和感も残る。

一方で、「デジタル預金取付け」への対処として、中央銀行デジタル通貨の付利水準を下げたり、保有残高に上限を設けたりするといった「平時」と同様な方法を推奨する意見もある[11]が、これも適切とは思えない。金融システムにストレスが生じている下では、家計や企業の資金は多少の金利差にかかわらず中央銀行デジタル通貨にシフトしようとするであろうし、残高制限はよりパニック的な反応を招く恐れがある。

むしろ、「デジタル預金取付け」に対しては、家計や企業による中央銀行デジタル通貨への資金シフトを一時的に無制限に認めた上で、中央銀行が集まってきた資金を民間金融機関に適切に還流させることで、金融仲介の維持を図るといった機動的な対応が現実的かつ有効であると思われる。これは、中央銀行デジタル通貨の下での中央銀行による新たな「最後の貸し手」の機能である。

2　金融政策への影響

中央銀行デジタル通貨に関する文献、特にアカデミックな視点からの分析においては、マイナス金利に伴う制約を緩和するという意味で、デジタル通貨の導入によって金融政策の効果が強まる可能性に着目する議論が多かった。[12]

その論拠は単純である。

現在の金融システムの下では、中央銀行がマイナス金利政策を導入し、それに伴って市場の様々な金利がマイナスになっても、家計や企業だけでなく民間金融機関も保有する資金を銀行券に換えてしまえば、運用利回りがマイナスになる事態を避けることができる。なぜなら、銀行券の利回りはゼロであり、その意味で元本の価値が目減りしないからである。[13]

一方で、家計や企業、民間金融機関には入手した銀行券を安全に保管するためのコストが生ずる。少額であればともかく、全ての資金を銀行券に換えようとすれば、[14]個々の主体にとってもそうしたコストは無視しえない金額に達するであろうし、ましてや経済全体では膨大なコストになると考えられる。[15]

したがって、中央銀行がいかに強力なマイナス金利政策を推進しようとしても、家計や企業、民間金融機関にとっては、銀行券を保有するコストを負担しても、資金を銀行券に換える方が有利になる可能性が残るわけである。そうした裁定行動の結果、短期金融市場の安全金利はそれ以上に低下しえないという意味で、中央銀行はそうした閾値を超えてマイナス金利を深掘りすることはできない。

これに対し、中央銀行デジタル通貨が銀行券を完全に代替した下では、中央銀行が政策金利の引き下げとともにデジタル通貨に対する付利水準を引き下げても、家計や企業、民間金融機関にとっては資金の逃げ道はなくなる。したがって、中央銀行にとっては、デジタル通貨を導入すれば、マイナス金利政策の活用余地が広がるという推論が得られる。

しかし、マイナス金利政策を既に数年にわたって運用してきた日本や欧州の経験に照らすと、マイナス金利政策の影響は上記の議論の想定よりも複雑であることが明らかになっている。つまり、マイナス金利の実質的な下限は、金融仲介に対する副作用も考慮すれば、上記の議論が想定する閾値（マイナス１％前後とされる）よりも高いという考え方が有力になっている。

そうした議論の代表はいわゆる「リバーサルレート」に関する議論である。[16]

BOX 「Low for longer」の議論

マクロ経済の低成長や低インフレの長期化は、かつては主要国の中で日本に固有の現象と考えられていたが、近年は欧州だけでなく米国にもそうした兆候がみられるようになってきた。こうした現象は、ＢＩＳやＩＭＦなどの国際機関を中心に「Low for long」と呼ばれていたが、最近は現象が長期化するリスクに対する意識を反映し、「Low for longer」と呼ばれることが多くなっている。

その背景としては、深刻な金融危機と不良債権や過剰債務の処理の長期化、人口の急速な高齢化、イノベーションの停滞と新興国に対する競争力の低下といった要因が挙げられることが多く、これらは「失われた20年」の議論を通じて、日本人には馴染みのものばかりである。しかも、いずれも短期間では解決しがたい構造的な要因である点に対応の難しさがある。

こうした状況でも一定の経済成長やインフレを維持しようとすれば、金融政策には強い緩和バイアスがかかり続ける。加えて、高齢化対応等を通じた財政支出の傾向的拡大に伴う金利上昇圧力を抑制する観点からも、金融政策は実質的に緩和の維持を余儀なくされる。これらが低金利環境の長期化に一層拍車をかけることになる。

金融と財政の両面で緩和的な運営が続くということは、マクロ経済の安定に向けた裁量的な政策運営の余地が減少することを意味する。その意味でも金融危機のような大きなショックを予防することの重要性は一段と高まるが、緩和的な金融環境の維持を通じて資産価格の高騰や過剰なリスクテイクをむしろ促進してしまうという問題を抱える。このため、日本を含む主要国では金融規制や監督の強化が進められてきたが、これらのスコープの外にあるシャドーバンキングの拡大を招くなど、政策対応の面では課題が残されている。

つまり、中央銀行が政策金利を低下させていく際には、民間銀行の貸出や運用資産の利回りが低下する一方、少なくとも当初は、保有する債券のキャピタルゲインがそれを補う効果を発揮する。

しかし、マイナス金利政策が定着する結果としてイールドカーブがフラット化したり、民間銀行がキャピタルゲインを実現するために債券を売却したりすれば、貸出や運用資産の利回り低下に対抗しうる手段を失い、収益力が低下していく。

これに伴って自己資本の強化が難しくなるので、民間銀行は貸出に伴うリスクテイクに慎重になり、結果としてマクロ的にも金融仲介の機能が低下する。つまり、中央銀行がマイナス金利の深掘りによって実現しようとした景気刺激が実現できなくなるという仮説である。[17]

こうした議論が想定するメカニズムがその通りに働いているかどうかは措くとしても、日本や欧州ではマイナス金利政策が長期化する下で、金融機関の収益が低迷していることは事実であり、これに伴う金融仲介への影響を巡る議論が活発になっている。

日本や欧州でマイナス金利政策をさらに深掘りしていくことが適切かどうかについては、中央銀行の内部でも意見が分かれているように見えることを踏まえれば、[18]「リバーサルレート」の議論が示唆するように、マイナス金利の深掘りには、銀行券との裁定による閾値に達する以前に、金融仲介に対する副作用によって制約がかかるとの考え方には説得力がある。[19]

このような主要国の実態を考慮すると、中央銀行デジタル通貨の導入によるマイナス金利政策への影響については、その限界を消滅させるかどうかではなく、むしろ、金融仲介への副作用用による制約を緩和できるかどうかが、現実的にはより重要である。

この点を考える上では、上にみた「リバーサルレート」の議論における暗黙の仮定に着目することが有用である。

つまり、「リバーサルレート」の議論では、中央銀行によるマイナス金利の深掘りに伴う貸出や有価証券投資の利回り低下が、利鞘の縮小を通じて収益力の低下をもたらすと主張しているが、これは預金利回りをゼロより下げることは難しいという暗黙の仮定に基づくことに注意する必要がある。だからこそ、資産側の利回り低下が利鞘の縮小に直結するわけである。

実際には、日本や欧州の民間銀行は、ファンドを含む他の民間金融機関や大手企業向けの大口預金に対しては部分的にマイナス金利を導入している。しかし、中小企業向けの預金や、さらに大きな部分を占める個人向け預金にはマイナス金利をほとんど適用できていない。[20]

中央銀行デジタル通貨の導入によって、こうした状況にどのような変化が生ずるかは、中央銀行デジタル通貨が銀行預金をどの程度代替するかに依存する面が大きいとみられる。

中央銀行がデジタル通貨を導入する以上は、少なくとも銀行券を完全に代替することになる。そこで、中央銀行がデジタル通貨にもマイナスの付利を行えば、家計や企業、民間金融機関による銀行券との裁定に伴うマイナス金利の閾値自体は回避できるようになる。

さらに、中央銀行デジタル通貨が銀行預金も完全に代替すれば、民間銀行にとって、資金調達のコストをゼロ以下に下げられないという制約も緩和される。なぜなら、この場合には、民間銀行は、①中央銀行からの資金供給か、②短期金融市場や資本市場からの資金調達によって貸出や有価証券運用を賄うことになるからである。

このうち①であれば、中央銀行はマイナス金利政策の下で、民間銀行に対する資金供給の金利水準もマイナスとすることが自然であろう。[21] ②であれば、現在のマイナス金利政策の下でも、短期金融市場や資本市場の一部で既に金利がマイナスになっているだけに、民間銀行は現在と同様に、これらの市場からマイナス金利で資金を調達することが可能と考えられる。

こうして、民間銀行は貸出や資産運用における利回りの低下を、資金調達コストの低下によって少なくとも一定の程度は補うことが可能となる。

もちろん、民間銀行がマクロ的に「期間の変換機能」――短期資金を調達して、中長期の貸出や資産運用を行うこと――を続けるのであれば、その時々のイールドカーブの形状によっては、マイナス金利政策に伴う運用利回りと調達利回りの各々に対する影響が異なる結果、利鞘への影響にもばらつきは生じうる。もっとも、そうした下でも、満期構成が相対的に短い調達側の利回りが迅速に低下し、利鞘を下支えすることも考えられる。

より現実的な前提として、中央銀行デジタル通貨と銀行預金が併存する状況を考えると、既にみたように、民間銀行は預金に対する付利を中央銀行デジタル通貨への付利に比べて高い水準に設定する可能性がある。このため、銀行預金に対するマイナス金利の付与が難しくなることと、金利低下の恩恵に浴する市場ベースの調達のウエイトが下がることとの双方の理由で、利鞘の下支え効果は不透明になる。

つまり、残存する家計や（中小）企業向けの預金に対して、マイナス金利の適用が難しい理由自体には変化が見込めないだけに、中央銀行デジタル通貨と銀行預金が併存する場合には、マイナス金利政策の活用余地の拡大は部分的にしか期待できないことになる。[22]

こうした点を踏まえてか、第3章でみたBindseil氏の論文を含めて中央銀行関係者による文献では、デジタル通貨の導入に伴うマイナス金利政策への影響よりも、デジタル通貨に対する付利水準の調整が、金融政策の新たな手段になりうるかどうかに議論の焦点が移っている。

この点は中央銀行デジタル通貨と中央銀行当座預金との差異をどの程度設けるかに依存する。

中央銀行が民間銀行の要求に対して、中央銀行当座預金と中央銀行デジタル通貨を無制限に交換するとすれば、中央銀行デジタル通貨に対する付利を中央銀行当座預金に対する付利と異なる水準に設定することはできない。つまり、中央銀行デジタル通貨を導入しても、新たな政策金利が生まれるわけではない。

そうでなく、民間金融機関同士の支払や決済は現在と同じく中央銀行当座預金だけで行い、しかも、中央銀行が中央銀行当座預金と中央銀行デジタル通貨を供給する方法や条件を各々異なったものに設定すれば、当然に、中央銀行デジタル通貨に対する付利を新たな政策金利として独立に運営しうるようになる。[23]この場合の方法や条件とは、資金供給オペレーションや資産買入れの使い分けや、それらの利回りや金額に関する枠組みを指している。

逆に言えば、中央銀行デジタル通貨への付利水準が新たな政策金利になりうるという主張は、中央銀行当座預金と中央銀行デジタル通貨との交換に対して、何らかの制限を設けるべきという仮定に基づくものが多い。[24] その代表的な論拠は、こうした制限によって「デジタル預金取付け」のリスクを抑制すべきというものであり、純然たる金融政策の観点ではないことに注意する必要がある。

つまり、こうした議論は、金融システムにストレスが生じ、家計や企業が資金を中央銀行デジタル通貨にシフトさせようとする場合、民間銀行がこれに応ずるために中央銀行当座預金を取り崩して中央銀行デジタル通貨を引き出す動きに対して、有効にブレーキをかけることができなければ、「デジタル預金取付け」は急激に進行し、金融仲介に深刻な影響を及ぼすという懸念に基づいている。

もっとも、前節でみたように「デジタル預金取付け」を中央銀行デジタル通貨の導入に伴う新たな脅威として強調すべきかどうかには議論の余地も残るし、実際にそうした状況になった場合にも、現実的な対応は中央銀行によるデジタル通貨を用いた「最後の貸し手」機能の発動である。つまり、ここでの論拠の適切さには議論も残る。

また、中央銀行デジタル通貨に対する付利については、中央銀行当座預金に対する付利と同じにすべきかどうかにかかわらず、中央銀行が設定する他の政策金利——資金供給オペの金利

図表8-1　中央銀行デジタル通貨の下での政策金利（イメージ）

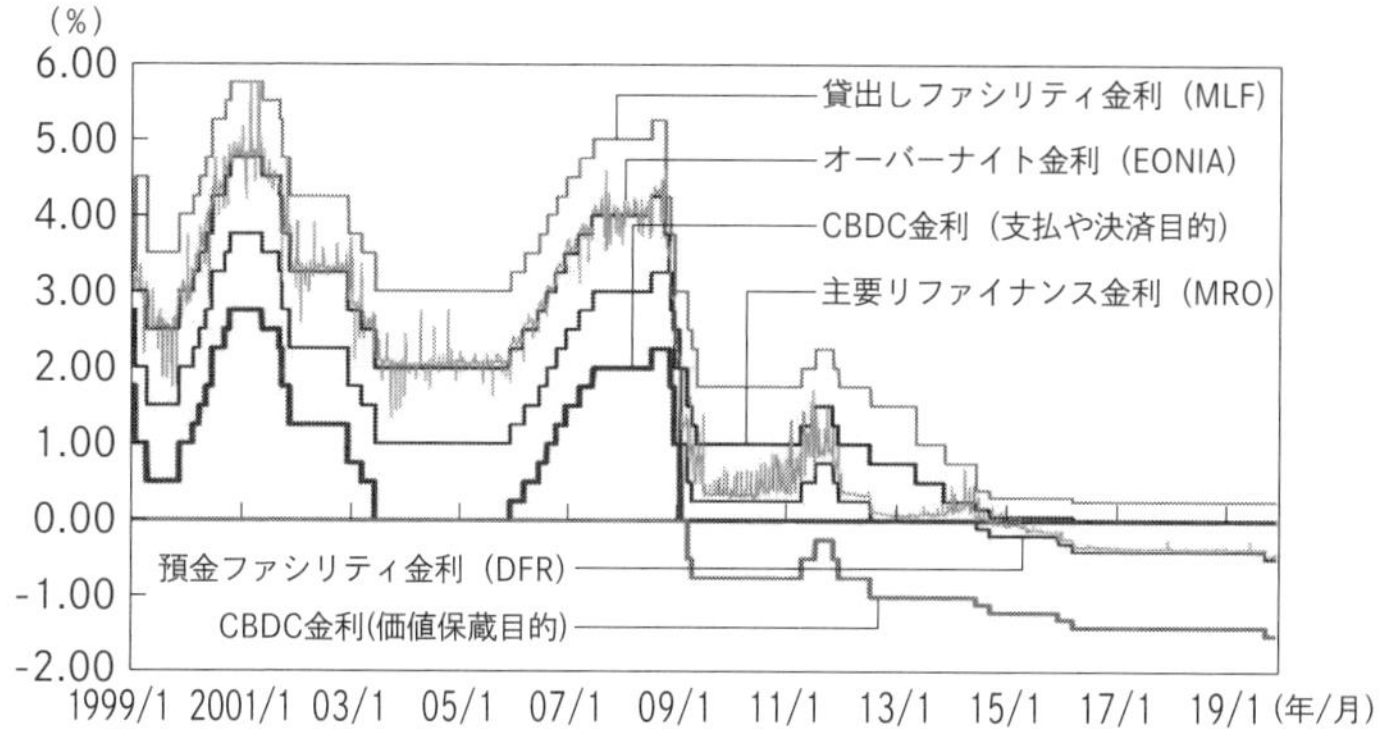

資料：Bindseil（2020）

や「最後の貸し手」に関する貸出金利——などに比べて最も低い水準とすべきことは明らかである。そうでなければ、民間銀行は中央銀行から調達した資金を中央銀行デジタル通貨に運用することで、容易かつ無リスクで利鞘を得ることができるようになるからである。

これらの点を踏まえると、中央銀行が運営している様々な政策金利からなるバンド——しばしば「コリドー」と呼ばれるもの——の中で、中央銀行デジタル通貨に対する付利が実質的に下限を形成すること自体には異論は少ないように思われる。

3　国際金融に関する政策への影響

「リブラ構想」を含む「暗号資産」がかねて標榜していたのは、現在の金融システムの下でのクロスボーダーの支払や決済に関する非効率性の克服であり、日本でも一部のノンバンクが「暗号資産」を活用することで小口の海外送金サービスを安価に提供している[25]。

中央銀行デジタル通貨は、支払や決済に使用する際の効率性に加えて、その価値に関する安全性の点でユーザーにとって利便性が高いだけでなく、金融当局にとっても、送金を行う個人や背後にある取引に関する情報の収集や管理も効率的で確実に行いうるというメリットがある。

それだけに、中央銀行デジタル通貨が実際に導入されれば、クロスボーダーの支払や決済に際しても広範に活用される可能性がある。

もっとも、当面の間に現実的に生じうる状況は、クロスボーダー取引の当事国同士が各々異なる通貨を維持するだけでなく、一方の国だけが中央銀行デジタル通貨を導入するとか、双方の国が各々異なるシステムや規格によって中央銀行デジタル通貨を運営するケースであろう。

この場合には、中央銀行デジタル通貨の導入によるクロスボーダー取引の利便性向上に対して、様々な制約が残ることになる。

そもそも異なる通貨を用いている国同士の取引の場合、中央銀行デジタル通貨の導入如何とは関係なく、通貨の変換が必要になる。例えば、日本の居住者が米国の居住者に送金する場合、送金を受け取った米国の居住者は、日本円の形態が中央銀行デジタル通貨か銀行預金かにかかわらず、米国内で使用するには米ドルに変換する必要がある。

加えて、口座形態での支払や決済を行う中央銀行デジタル通貨の場合には、上の例でいえば米国の居住者――は、ドルへの変換以前にそもそも資金を受け取るために、上の例でいえばデジタル通貨の発行国である日本に口座を保有することが必要となる。

もちろんこの問題は、現在の金融システムにおけるコルレス銀行に相当する代理者[26]を米国に設定すれば回避できる。しかし、上の例で言えば、日本の居住者が送金を依頼した日本国内の銀行と米国内のコルレス銀行との間で取引や入金口座に関する認証や情報の交換などが必要となり、結局は、現在と同様な非効率性に直面するリスクがある。

加えて、中央銀行デジタル通貨を発行する国によっては、個人情報や取引情報の適切な管理の観点から、こうしたコルレス銀行の介在を認めず、上の例でいえば米国の居住者に対しても、あくまでも日本国内に口座を保有することを求める可能性も否定できない。

一方で、中央銀行デジタル通貨を口座形態ではなくウォレット形態で行う場合には、自国内での不適切な使用や紛失のリスクを抑制するといった国内的な事情により、そもそも、保有残高や使用額に一定の上限を設ける可能性が高い点は既にみた通りである。この点は、クロスボーダーの支払や決済に使用する場合にも、当然に制約となる。

これらの問題は、第2章でみたように、クロスボーダーの支払や決済に関わる当事国同士が、自国の通貨自体はそれぞれ維持しながらも、デジタル通貨を運営するシステムの面で共通化を図ることによって幾分かは改善されうる。

上の例に即してみても、仮に米国と日本が同じ規格のデジタル通貨の運営システムを採用すれば、日本円のデジタル通貨から米ドルのデジタル通貨への変換が効率的に行えるようになる点で、クロスボーダーの支払や決済のコストや利便性を向上させうる。なぜなら、両国の銀行が支払や決済に介在するとしても、取引や入金口座に関する認証や情報の交換などが同一のフォーマットやシステムで行えるようになるからである。[27]

加えて、クロスボーダーの支払や決済の当事国である両国政府にとっても、支払や決済を行う個人やその背後にある取引に関する情報を共通の基盤によって収集し蓄積できるので、マネーロンダリングやテロ資金の防止のために必要になった場合も、円滑で効率的に情報を連携しうるようになる。これに伴って、非居住者による自国での口座保有の必要性も低下しうる。

一方で、クロスボーダーの支払や決済の利便性を追求するという理由だけで、ある国が自国の通貨を放棄し、他国の通貨を採用することは考えにくい点も既にみた通りである。

通貨制度はその国の文化や慣習に深く関連しているだけでなく、自国通貨を放棄すれば、自国の経済に即した金融政策の運営も同時に放棄することになる。なぜなら、金融政策の本質は、通貨の量や価格（金利）の調節によって経済活動に影響を与えるものだからである。

もちろん、逆に言えば、景気循環や潜在成長率、構造インフレ率などの面で同質性の高い国同士では共通の通貨を採用することに意味がある。[28] しかし、そうなってしまえば、同じ通貨圏内の当事国同士の取引は、もはやクロスボーダー取引ではなくなり、本節で議論している問題のほとんどが自動的に消滅する。

このように、中央銀行デジタル通貨は、主要国が異なる通貨を維持している下で各々導入された場合であっても、クロスボーダー取引の利便性を幾分か向上させる可能性はある。しかし、その導入自体が共通通貨圏の成立に対するハードルを大きく下げることは望みにくいという意味で、国際金融に関する政策に大きな変更を迫る可能性は相対的に小さいように見える。

ただし、こうした結論には二つの留意点が存在する。

第一に「大口型」の中央銀行デジタル通貨が導入された場合の影響である。主要国の中央銀行も「大口型」に関しては、スマートコントラクトの活用などによる取引の効率化を展望している。クロスボーダーの支払や決済の中で、貿易保険や信用状などの付されたもののウエイトは大きいだけに[29]、スマートコントラクトを伴う「大口型」の中央銀行デジタル通貨は、民間金融機関同士のクロスボーダー取引の効率化に貢献する可能性がある。

このため、特に主要国の間では、民間金融機関同士のクロスボーダーの支払や決済に関する効率性や安全性のメリットを早期に享受する観点から、「大口型」の中央銀行デジタル通貨の枠組みやシステムの整備が先行することも考えられる。

その上で、主要国が「一般目的型」の中央銀行デジタル通貨の導入を進める際に、こうした「大口型」との相互接続性や情報フォーマットの標準化といった面に配慮すれば[30]、個人や家計がクロスボーダーの支払や決済を行う際にも、「大口型」によって達成された効率性や安全性のメリットを享受しうることになる。

第二に、新興国においてクロスボーダー取引における中央銀行デジタル通貨が活用される場合の影響である。

「リブラ構想」を含む「暗号資産」が展望していたニーズの一つは、効率性の低さのゆえに金融サービスを享受できない人々が多く存在する新興国における、クロスボーダーの支払や決済である。

これらの人々は、現在は「地下銀行」のように安全性や適法性に問題を有する金融サービスに依存している面も強いだけに、新興国の政府は、中央銀行デジタル通貨の導入によってこうしたニーズをカバーできれば、経済厚生面で大きな効果を獲得できる。[31]

一方でこうした新興国の場合には、他の主要国の中央銀行デジタル通貨が国内取引の支払や決済でも使用されるようになることも考えられる。

例えば、サプライチェーンを通じて特定の主要国とのクロスボーダー取引が極めて大きいとか、そもそも自国の経済政策の問題などのために通貨に対する信認が低いといった場合には、現在の「ドル化」[32]と同様に、家計や企業が他の主要国の中央銀行デジタル通貨の使用を選好し、結果として国内でも幅広く通用するようになることが考えられる。

しかも、デジタル通貨の場合には、それ自体の価値の安定性だけでなく、それをインフラとして構築された金融サービスも含めた利便性もそうした選好の誘因になりうる。したがって、新興国にとっては、通貨自体のみならず金融サービスまで含めて、金融システム全体がいわば「ドル化」してしまう可能性もある。

このように新興国の場合には、他の主要国による中央銀行デジタル通貨が意図的ないし「なし崩し的」に自国内で使用されることで、結果的に共通通貨圏への参加を促す可能性は存在する。

しかし、こうした新興国にとって、自国通貨の信認を高めることがより本質的な課題であることには何ら変わりがないほか、仮に共通通貨圏に参加するのであれば、そこで適切な経済政策が運営されるように促すことが国際金融上の課題となる。

注

1 主要国の銀行のバランスシートに対する規制や監督は、バーゼル銀行監督委員会の下で合意された内容に即して行われている。現在の標準である「Basel III」に関する公表資料は、ＢＩＳのウエブサイト（https://www.bis.org/bcbs/basel3.htm）に集約されている。

2 「最後の貸し手」を最初に体系的に議論したのはBagehot（1873）である。既にみたようにこの政策手段は、中央銀行が通貨を独占的に供給しうる機能と深く関連している。

3 例えば、米連邦準備理事会（ＦＲＢ）は、大手銀行（Sifi）に対する監督の費用が21億ドル（２０１８年）であったとしている。もちろん、こうした直接的な費用だけでなく、民間金融機関によるコンプライアンスに要する費用を含めて考えることが必要である一方、危機における経済損失の期待値との対比で議論する必要がある（例えばＢＣＢＳ（２０１９）を参照）。しかし、本書で議論しているように、そもそも金融機関のバランスシートに起因するリスクを低減できるのであれば、こうした費用と危機発生時の影響の双方を減らすことに繋がりうる。

4 世界金融危機を含む主な金融危機の概観は Reinhart and Rogoff (2014) を参照。

5 しかも、巨大IT企業などは、既存の消費者サービスを通じて蓄積した個人情報や取引情報という新たな資源に基づく優位性を活用しつつ、同質化した金融サービス業に参入してくる。

6 中央銀行は、「通貨発行益」――有価証券投資や民間銀行に対する与信によって生ずる利益――によって預金利回りを提供しうるかもしれないが、結果として政府に対する利益納付は減少する。また、現在のような低金利環境の下では、現在の銀行が流動性預金に提示している利回りと同じく、中央銀行も中央銀行デジタル通貨に付利しないこともできるが、本文で議論している金融仲介の課題は残る。

7 第2章でみたE－Kronaはこうした考え方に沿っている。

8 中央銀行デジタル通貨の場合には、中央銀行ないし別の公的主体が保有する個人の情報を蓄積しているだけに、保有者の「名寄せ」が必要でなくなる点で、保護基金をより効率的に運営しうる可能性もある。

9 例えば Mersch (2018) を参照。

10 ユーロ圏の民間金融機関同士の決済を行うTARGET2の決済額をみると、欧州債務危機を契機に、危機が深刻であったイタリアやスペインの負債が急増している。これは、銀行間市場で、他国の金融機関がこれら両国に対する貸付を引き上げたことを反映している。

11 例えば、Kumhof and Noone (2018) を参照。

12 代表例は前述の Rogoff (2016) である。

13 銀行券であっても、一定の期間ごとに中央銀行の認証を受けなければ通用力を失うとか、一定の比率で特定番号の銀行券が通用力を失うといった工夫によって、銀行券にもマイナスの利回りを付与することは、少なくとも理論上は可能である。代表例は I. Fisher 氏が米国の大恐慌時に示した提案である (Rogoff (2016) に解説がある)。しかし、コストの膨大さや銀行券を用いた支払や決済における混乱などを考えると、実現は困難とみられる。

14 例えば、２０１９年末時点での日本の銀行券の市中での流通残高は１１２・７兆円であった。

15 実務的に最も大きな部分を占めるとみられる盗難保険のコストについては、残高の０・５～１％との推計がみられる。ＦＴ（２０１６）を参照。

16 「リバーサルレート」に関する議論は Brunnermeier and Koby (2018) を参照。

17 貸出や有価証券運用と預金との利鞘が縮小してきたことは事実である一方、民間銀行には、業務の多様化や効率化によって収益性を維持する余地は残されている。また、少なくともこれまでのところ、日本と欧州ともに民間銀行の自己資本はマクロ的にみて健全な水準に維持され、また貸出も低位ながらプラスの伸びを維持している。

18 近年の日本銀行の金融政策決定会合や欧州中央銀行（ＥＣＢ）の理事会の議事概要を参照。

19 具体的にどのような水準であるか指し示すことは困難であるが、市場では、既に政策金利をマイナス０・５％まで引き下げたＥＣＢの場合について、これ以上の下げ余地は少ないとの見方が強い。

20 欧州では、一部の金融機関が家計向けの預金にもマイナス金利を適用しているとの報道もみられるが、少なくともＥＣＢは、全体としてみればこうした動きは例外的と評価している。例えば、Demiralp, Eisenschmidt and Vlassopoulos (2019) を参照。

21 中央銀行デジタル通貨に対する付利水準と、中央銀行がデジタル通貨を用いて民間金融機関向けに与信を行う際の利回りを同一とせず、例えば、モラルハザードの回避などの観点から、後者を比較的高めに設定することも考えられる。それでも、これらはいずれも政策金利として、いわば「コリドー」の形で並行的に変更されることが想定される。

22 民間銀行と預金者との現状の約款の下では、民間銀行が価値の毀損を伴うようなマイナス金利を一方的に適用することは難しいかもしれない。そうだとすると、民間銀行は多数の預金者と個別に交渉し合意を得ることが必要になるため、これに係るコストや社会的な反発を考えると、現実的ではないと思われる。

23 金融政策の観点から、中央銀行デジタル通貨に対する付利を複数の政策金利による「コリドー」との関係で論じた分析例としては、Panetta (2018) や Kumhof and Noone (2018) がある。

24 その代表例は、Kumhof and Noone (2018) である。
25 例えば、先にみた「SBIレミット」のケースである。
26 米国内にあるコルレス銀行は、米国の居住者が日本の居住者からの送金を預金を通じて受け取ることができるようにする役割を果たす。また、日本の居住者が送金を依頼した際に資金を払い込んだ日本国内の銀行との間では、最終的には、日本銀行やFRBにある中央銀行当座預金の受払を通じて資金を決済する。
27 現在も、SWIFTの下で、民間金融機関の間では同一のフォーマットでの取引情報の交換は行われている。しかし、中央銀行デジタル通貨の場合には、通貨自体がデジタルデータ化されているので、この例で言えば日本国内での銀行への資金の払込みから、米国内での口座への資金の入金に至るまで、一貫して同じフォーマットでの取引情報の交換が可能となる。また、システムの運営者が日米の中央銀行になる点で信認も補強される。
28 これはいわゆる「最適通貨圏」に関する議論そのものである。
29 民間金融機関同士のクロスボーダーでの支払や取引を見た場合、金額面では有価証券の売買や与信に伴うものが大きいとみられるが、顧客による貿易や直接投資に関するものも存在し、これらは貿易保険や信用状のような付属文書の処理も必要な点で事務負担が相対的に大きいとみられる。
30 本節を通じて、家計や企業によるクロスボーダーの支払や決済は、中央銀行デジタル通貨を使用する場合でも、自国と相手国の双方で民間金融機関が介在することを仮定している。そうでなく、自国と相手国の家計や企業が直接に支払や決済を行うことも理論的には可能であるが、例えばウォレット形態でそれを可能にするためには、様々な観点から制約を課す必要がある。
31 新興国政府は、自国民による「地下銀行」の活用を抑制させることができれば、マネーロンダリングやテロ資金の防止の面でもメリットを享受しうる。
32 「ドル化」の定義や実情は、既にみたBannister, Turunen and Gardberg (2018) を参照。

第9章　日本にとっての中央銀行デジタル通貨の意義

中央銀行デジタル通貨を導入する上では、家計や企業による幅広い活用を想定した「一般目的型」であればなおさらに、民間の金融サービスやそれに係るイノベーションとの関係に加えて、法制面での対応や経済政策との調整などが必要となる。これらは相応の時間を要するだけに、日本でも調査研究や実証実験などを着実に進めていく必要がある。本章ではその理由と対応の考え方について、これまでの議論を踏まえながら整理していく。

1　主要国による中央銀行デジタル通貨の導入

欧州の主要国や中国では、「一般目的型」を含む中央銀行デジタル通貨に関する調査研究が進められている。それらが実際に導入され、それぞれの国や地域で支払や決済のために安全性や効率性の高い手段として使用されたとしても、直ちに、日本国内での支払や決済に広範に使用されたり、日本円の使用に支障をきたしたりする可能性が小さいことは既にみた通りである。

　もっとも、中央銀行デジタル通貨の導入に先行した国々は、デジタル通貨を用いた支払や決済を行うためのシステムや、それをインフラとして活用する金融サービスの面でも、大きな競争力を手に入れることができる。

　特に、第2章でみた中国や第3章でみたユーロ圏のように、背後に巨大な規模の経済を抱えるケースでは、先行的に展開することによって、システムやサービスの開発に係る固定費用を容易に回収することができるだけでなく、膨大な件数の支払や決済を処理した実績を頑健性の高さとしてアピールすることができる。

　この点は米国にも、やや違う形で当てはまる。

　米国の中央銀行である連邦準備理事会（FRB）は、中央銀行デジタル通貨の導入に対して、他の主要国に比べて慎重なスタンスを示している。しかし、「リブラ構想」のように広範な支払や決済での使用を目指すデジタル通貨を、フェイスブック以外の巨大IT企業も導入しようとする可能性は小さくない。なぜなら、そうした事業者は、既存のビジネスを通じて蓄積した膨大な個人情報という経営資源を、デジタル通貨の展開に際して有効に活用しうるからである。

　こうした民間ベースのデジタル通貨も、巨大IT企業のグローバルかつ億単位のユーザーによる支払や決済に使用されうる点で、中国やユーロ圏の中央銀行デジタル通貨と同様に強力なコスト競争力をもちうる。実際、第3章でみたように、欧州委員会やＥＣＢに共通している意識は米国の巨大ＩＴ企業によるデジタル通貨が欧州を席巻する事態を防ぐことにあった。

しかも、このように民間ベースでのデジタル通貨への参入や展開が活発化すれば、ＦＲＢも、個々の問題を指摘しながら導入を阻むという「対症療法」ではなく、安全性や金融システムの安定、金融政策への影響などの条件をクリアした中央銀行デジタル通貨を自ら導入したほうが合理的との判断に転ずる可能性もある。第2章でみたように、中国が中央銀行デジタル通貨の導入を急ぐ理由の一つは、まさにこうした考え方にあったわけである。

このようにみれば、主要国ではデジタル通貨を巡る競争が既に実質的に開始されていると言っても過言ではない。しかも当面の焦点は、国際通貨の覇権というよりも、むしろ、デジタル通貨を支えるテクノロジーと、デジタル通貨をインフラとして活用する金融サービスの双方に関する覇権の方にある。

こうした競争の具体的な場は、まずは新興国の金融システムであろう。

第8章でみたように、新興国では、金融システムの非効率性や家計や企業に対する「金融排除」の問題を克服する上で、主要国で実績のあるシステムを活用して、デジタル通貨を導入し展開するインセンティブは大きい。

これらの諸国も、文化や慣習、経済政策の自由度などを考えると、一気に自国通貨を放棄して、主要国の通貨圏に入ることは考えにくいとしても、主要国で実績を有するシステムを使って自国通貨建てのデジタル通貨を運営する可能性は高い。この点は、第２章で中国の戦略についてみたように、携帯電話の５Ｇ技術や高速鉄道の例をみれば容易に想像がつく。しかもその場合には、主要国でデジタル通貨をインフラとして開発され展開された民間ベースの金融サービスも、システムとの親和性や稼働実績などの点で、新興国の金融システムに対して高い競争力を得ることになる。つまり、主要国の政府が意図して売りこむかどうかにかかわらず、民間ベースの金融サービスの競争力も同時に強まるわけである。

このように、デジタル通貨には、支払や決済の手段としての通貨自体の特性だけでなく、デジタル通貨を支えるテクノロジーや、デジタル通貨をインフラとして活用する金融サービスまで含めて、強力な「ネットワーク外部性」が存在する。その下では、いったん独占的な地位を獲得すれば、これを変えることが難しいという特性こそが、主要国による覇権争いの背景にあると考えられる。

日本もこうした競争に有効に対処できなければ、日本国内はともかく、少なくとも家計や企業、民間金融機関によるクロスボーダー取引においては、他の主要国が開発し、提供したテクノロジーや金融サービスに安全性や効率性の点で依存せざるを得なくなる。

結果として、日本の金融機関や企業の国際競争力を低下させるだけでなく、モノやサービスに関するグローバルなサプライチェーンにおける日本の立場を弱体化させることにも繋がりうる。この点は１９８０年代以降の日本企業による海外事業の展開において、日本の金融機関による金融サービスが果たした役割からも明らかである。

さらには、日本円という通貨自体は維持できたとしても、国内でも支払や決済のために他の主要国のシステムを活用する事態は十分に考えられる。そうなれば、国内においてもそうした国で開発され展開された金融サービスの競争力が高まることもありうる。

これは決して抽象的な議論ではない。

実際、近年急増してきた外国人旅行者のニーズに対応するため、日本国内でも海外の支払や決済のサービスをそのまま使用できるようにする動きは既に進行している。日本人も、外国への出張や旅行などを通じてデジタル通貨やそれを活用した金融サービスの利便性を体験していけば、国内でそうしたシステムや金融サービスを使用することへの抵抗感は低下しうる。こうして、海外発のシステムやサービスは日本国内でも十分に展開しうる。[2]

そうなると、日本国内の家計や企業による支払や決済に関する情報や、その背後にある取引の情報も、日本の金融機関ではなく、デジタル通貨のシステムや金融サービスを開発した海外ＩＴ企業や金融機関に流出し、蓄積される事態も生じうる。

これは、海外のデジタル通貨やそれをインフラとする金融サービスの競争力を一層高める一方、国内では、民間金融機関がデジタル通貨の導入に伴うメリットを十分に享受できないとか、中央銀行を含む金融当局が適切な本人確認や取引確認を行いにくくなるといった問題も生じうる。

これらを踏まえると、日本でも中央銀行デジタル通貨の調査研究を進めておくことが重要であることは明らかである。もちろん、日本の金融システムやその背後にある経済の規模は欧米や中国に比べて小さく、したがって中央銀行デジタル通貨の導入や運営で先行しても、それだけで強い国際競争力を獲得できるわけではないという点で、日本の立場はそもそも厳しい。

それでも、日本が中央銀行デジタル通貨、あるいはその上で展開される金融サービスに関して、部分的でも基幹的な領域でのイノベーションで先行すれば、海外製のテクノロジーや金融サービスに一方的に席巻される事態を回避し、クロスライセンス等を通じて、日本も国際標準の一部を担う可能性は残されている。

また、同様に単独では「ネットワーク外部性」の発揮が困難な他の主要国との間で、テクノロジーや金融サービスの連携を進めておくことにも意味がある。[3] こうしたグループを合わせてみれば、相応の規模の金融システムや経済を抱えることになり、欧米や中国とのクロスライセンスのような場合にも、一定の交渉力を有することに繋がるからである。

より長い目でみれば、日本がこうしたグローバルなイノベーション競争において一定の地位を確保しておくことは、共通通貨圏を展望した議論において一定の影響力を確保することにも繋がりうる。第2章でみたように、当面の可能性としては低いが将来を展望した場合には、巨大な経済を有し、グローバルなサプライチェーンの中心にある中国人民元の国際化が進展することはトレンドとして否定できず、日本はその中での立場を問われる事態に必ず直面するからである。

2　商業銀行ビジネスモデルの限界

日本は、今や世界的な現象になりつつある「low for longer（長期にわたる低金利環境の定着）」の先駆者である。その直接的な影響の一つが、民間銀行における預金と貸出の利鞘の縮小であることは既にみた通りであり、結果として金融仲介の阻害に繋がるとの強い懸念が存在する。

もちろん、そうした利鞘の縮小だけが日本の民間銀行にとって唯一の問題というわけではない。むしろ、人口の減少や高齢化によって地方を中心に貸出需要が低迷していることや、店舗配置やバックオフィス事務の効率化が遅延していること、さらには家計や企業による金融サービスに対するニーズの変化に十分対応できていないこと、といった構造的な問題も大きく、利鞘の問題はこれらに追い打ちをかけているというのが正しい評価であろう。

しかし、低金利環境に当面の間は変化を望むことが難しいとすれば、民間銀行が経済活動に必要な金融仲介の役割を担い続ける上では、効率化を通じたコスト削減だけに収益を求めることにも限界がある。最終的には預金と貸出の利鞘に代わる収益源が必要となるが、大手銀行であれば国際業務や証券業務からの収益に依存することも可能であるとしても、国内の金融仲介を支える中小銀行にとって、そうした選択肢は現実的でない。

こうした中で、中央銀行がデジタル通貨を導入すれば、民間銀行が銀行預金の提供を通じて行ってきた支払や決済のための手段の提供という役割の重要性は低下する。これに伴って、民間銀行は、従来は自行ないし業界全体として取り組んできた支払や決済のためのインフラの構築や運営などを中央銀行に委ねることが可能になり、そのコストや責務から解放される。

このことは、銀行預金を軸に、民間銀行が支払や決済の手段の提供と、金融仲介の提供という二つのサービスを同時に提供するという伝統的な商業銀行のビジネスモデルに終止符を打つことにも繋がる。なぜなら、これらのサービスを結合生産するよりも、前者を中央銀行が担うことで、別々に提供する方が効率的になるからである。

この結果、民間銀行が引続き金融仲介を担うとしても、資産運用目的で残存する預金に加えて、中央銀行からの与信か、短期金融市場や資本市場からの資金調達によって賄うことに変化する。

この点は、民間銀行にとって、家計や中小企業向けの預金に存在している「金利のゼロ制約」に伴う資金調達コストの制約を緩和する。なぜなら、低金利環境が継続して貸出金利が低下していっても、短期金融市場や資本市場からの資金調達金利も、ゼロ以下も含めて低下する結果、利鞘の深刻な縮小に直結しない状況が生まれるからである。

また、かつての高度成長期であればともかく、現在のように家計のみならず企業の多くも貯蓄超過に転じた下では、民間銀行にとって、預金の提供を通じて流動的な資金を大量に調達できることの意味合いは低下しており、現在のようにマクロ的にも預貸率が１００％を大きく割り込む状況では、民間銀行はむしろ調達した預金の有効な運用に苦慮しているわけである。

加えて、預金を提供している民間銀行には、マネーロンダリングやテロ資金の防止のために個人や取引に関する認証の要請が顕著に高まっていることを考えれば、支払や決済の手段とともにこうした責務を外部に移管できることによるコスト削減の意味も無視できない。

その上で、本書を通じて議論してきたように、民間銀行が中央銀行デジタル通貨というインフラを活用して、その上に様々な金融サービスを構築することができれば、従来よりも効率性や利便性の高いビジネスを展開しうることになり、民間銀行の収益力をむしろ強めることに寄与しうる。

このような中央銀行との役割分担の再構成によって、最終的に金融システム全体に生ずることは、既にみたように金融仲介の同質化である。

つまり、銀行預金という他業態には活用できない手段を使っていた民間銀行が、短期金融市場や資本市場の資金への依存を次第に強めていくことで、民間銀行とＭＭＦのようなファンドとの差異は消滅していく。同時に、前節で米国のＩＴ企業の例として議論したように、消費者サービスを展開する他業種の企業が既に蓄積した個人や法人の情報を活用しつつ、実質的に金融仲介に参入することも考えられる。

中央銀行デジタル通貨の導入は、少なくとも長い目でみた場合には、預金と貸出に基づく金融仲介に大きな変化をもたらす可能性があり、それはそうしたビジネスモデルが限界に直面しつつある日本では特に大きな意味をもちうる。

幸いなことに、中央銀行デジタル通貨の開発や導入には相応の時間を要するだけに、日本で中央銀行デジタル通貨の導入に向けたロードマップをまずは作成し公表することが、民間銀行における金融仲介の抜本的な改革に向けた準備のスタートを促すことになる。

3 金融政策の限界

日本での低金利環境は日銀が長年にわたって政策金利を低位に維持したことと直接に関わっている。しかし、日銀がそうした政策をとり続けたのは、日本経済が長期にわたって低成長や低インフレの状況から脱することができなかったからであり、当面はそうした経済構造を変えることが難しいのであれば、低金利環境も維持されることになる。

日銀は他の主要国の中央銀行と同様に、低金利環境の下でも政策効果を発揮するために、「非伝統的政策」と呼ばれる手段——マイナス金利政策や大規模な資産買入れなど——を様々に講じてきた。それらは、特に金融システムにストレスが生じた局面では効果を発揮したが、それ以外の局面における経済活動の活性化の面では限界もあった。

その理由の一つは、1990年代末から現在に至るまで、市場金利の低下余地が乏しい状況が続いていることである。

例えば、資産買入れについてみれば、日銀は金融市場や名目GDPの規模との相対的な関係でみて、FRBやECBなどよりも顕著に大規模に実施している。しかし、「量的・質的金融緩和」をみても、開始時点では長期金利が既に1％台であり、追加的な低下余地は乏しかった。皮肉なことに、マイナス金利政策の導入の際には長期金利が顕著に低下したという点で問題を緩和した面もあったが、前節でもみたように、この政策手段は金融仲介面での副作用によって制約を受けている。

このように、「非伝統的政策」を含めて金融緩和を講じても、市場金利への波及が限定的に止まり、したがって経済活動に対する刺激効果が少ないという点は、グローバルなレベルで金融経済のショックが生じた場合に、同様な政策対応を講じた主要国の中でも、日本への打撃が相対的に大きかった事実が明確に示している。

その一方で、中央銀行デジタル通貨を導入すれば、中央銀行がマイナス金利政策を無制限に強化しうるという意味で、中央銀行が直ちに強力な金融緩和手段を手に入れるわけではないことも、既に第8章で議論した通りである。

それでも、中央銀行デジタル通貨が家計や企業の支払や決済に広範に使用される状況であれば、中央銀行はデジタル通貨の量や価格（金利）を調節することで、家計や企業による経済活動の環境を直接に変化させうることになる。これは、従来の金融政策のように、金融市場や金融機関での裁定関係という長くて不安定な波及経路を通じて、家計や企業の経済活動に間接的に影響を及ぼすのとは次元の異なるインパクトを持ちうる。

もちろん、中央銀行にこうした直接的で強力な政策手段を付与することには、その適否はもとより、政策運営に対するガバナンスの強化といった点も含めて様々な検討と対応が求められる。

それでも、特に日本のように長年にわたって金融政策の発動余地の少なさが課題として存在し、しかも、金融経済のストレスが実際に生じた場合には、金融緩和の効果に対する信認の弱さによって家計や企業のセンチメントが毀損しやすい国にとっては、長い目でみた場合の議論であっても、中央銀行デジタル通貨の導入が低金利環境下での金融政策の「ゲーム・チェンジャー」になりうる展望が生まれることの意味は小さくない。

BOX 中央銀行デジタル通貨による「直接的」な金融政策

中央銀行デジタル通貨に関する議論の初期には、中央銀行が新たな政策手段を活用できる可能性に関して、研究者を中心に活発な議論が行われた。

しかし、マイナス金利の深掘りへの制約がなくなるという仮説は、民間銀行が引続き金融仲介の役割を担う限り必ずしも正しくないことは、本文で議論した通りである。また、中央銀行デジタル通貨への付利が新たな政策金利になるという仮説についても、中央銀行による資金供給オペの金利などと独立した水準に設定するのは難しいことも本文でみた通りである。

一方で、家計や企業による幅広い使用を想定した「一般目的型」の中央銀行デジタル通貨の場合には、少なくとも技術的には、全く新たな金融政策手段を活用する可能性が生ずる。それは、中央銀行が中央銀行デジタル通貨の名目価値を直接に変化させることである。

例えば、100兆円の中央銀行デジタル通貨が発行されている際に、中央銀行がそれを90兆円とか110兆円に「人為的」に変えることである。さらには、価値を一律に増減させるのでなく、特定の主体あるいは一定の「確率」で増減させることも技術的には可能である。これらを通じて中央銀行の資産は不変なので、財務上は負債の「評価益」が増減したとみなして、自己資本の増減で吸収することになろう。

これらはいわゆる「ヘリコプターマネー」（あるいはその逆）そのものであり、一国の経済における資源配分を直接に変化させる効果を持つほか、インフレ期待をむしろ不安定化するリスクもある。その意味で、中央銀行デジタル通貨を導入する際には、中央銀行が少なくとも定常的にこうした政策を活用することがないよう、法制面からの制約を課すことが必要になろう。

もっとも、中央銀行が中央銀行デジタル通貨の名目価値を毎年一定の割合で増やし続けた場合（これは中央銀行デジタル通貨による「K%ルール」に該当する）に、インフレ期待や実際の物価がどのように推移するかは、興味深い問題の一つである。特に、中央銀行デジタル通貨が、民間銀行の預金が担ってきた「支払や決済の手段」としての機能を代替した場合は、財やサービスの取引との関係が一層密接になるだけに、なおさらにそうである。

これから主要国が進めることになる実証実験では、技術的な安全性や効率性だけでなく、このような金融政策との関係についても視野に入れることが望まれる。

4 日本で中央銀行デジタル通貨を導入する際の五原則

最後に、本書全体の議論を踏まえて、日本で中央銀行デジタル通貨——特に「一般目的型」のデジタル通貨——を導入する場合に重視すべき点を五つの原則としてまとめておきたい。

第一の原則は現在の金融システムとの親和性や将来のイノベーションに対する柔軟性を確保すべきことである。

日本のように高度で複雑な金融システムにデジタル通貨を導入する場合には、新興国のように「白地に絵を描く」ことは適切でなく、経済活動にとって必要な金融サービスが安定的に維持されるように配慮しながら進めることが求められる。その点では、銀行預金の代替の可能性やその移行のあり方が特に重要であり、中央銀行デジタル通貨の使途や保有残高、付利といった点での条件づけがポイントとなる。

同時に、ＩＴに関する急速なイノベーションを想定して、中央銀行デジタル通貨がその成果を柔軟に取り込んでゆく可能性を確保することも重要である。上記のようにデジタル通貨を現在の金融システムに即した形で導入するとしても、イノベーションの進展に即して枠組みを変化させる余地を設けておくわけである。実際、中国やスウェーデンのように調査研究が進んでいる国でも、具体的に採用する技術に関しては意図的に決断を遅らせている。

第二の原則は中央銀行と民間とが積極的に協力することである。

日本でも、ここへきて家計の支払や決済の面で様々なイノベーションに基づく新たなサービスが展開されるようになっているほか、こうした支払や決済は、家計向けの金融サービスだけでなく広範な消費者サービスと連携する方向にある。それだけに、中央銀行デジタル通貨の導入が民間のイニシアティブを阻害してはならず、むしろ、中央銀行デジタル通貨の導入が、民間業者にとって広範な金融サービスを開発する上での共通のインフラとなって、イノベーションを促進することが求められる。

中央銀行は、これまでは民間銀行同士のような「大口」の支払や決済に主として知見を有するという事実も考慮すると、中央銀行がデジタル通貨を調査研究し開発する際には、独力で臨むのではなく、民間業者とのコラボレーションによって進めることが、有用なデジタル通貨を迅速に導入するために有用となる。これも、中国やスウェーデンで実際に採用されているアプローチである。その場合の民間業者は第一義的にはＩＴ企業であるが、導入に際しては金融サービスの提供者も対象となる。

第三の原則は個人情報や取引情報の適切な管理である。

中央銀行デジタル通貨の導入に伴って――それが口座型かウォレット型かにかかわらず――中央銀行には支払や決済に関わる個人や企業とその背後にある取引に関する情報が集まる。それらは、中央銀行が直接に携わるか、他の公的主体に委ねるかにかかわらず、マネーロンダリングやテロ資金、脱税の防止の観点で有効に活用されるべきである。

その一方で、個人や取引に関する情報は、民間金融機関や非金融の消費者サービス企業が既に蓄積し分析している様々な情報と組み合わせることで、金融サービスを含む対消費者サービスを効率化し高度化することに繋がる。中央銀行にはそうした重要な資源を民間の利用に供するという視点も重要である。もちろん、その際には個人の適切な同意といった条件が満たされる必要がある一方、その手続きは効率的なものとすることも重要である。その意味では、こうした情報の処理を中央銀行が他の公的主体に委ねることも選択肢となりうる。

第四の原則は持続的な金融仲介への貢献である。

本章の前半でみたように、低金利環境が当面は続く展望の下で、民間銀行による金融仲介の持続性には懸念も生じている。中央銀行デジタル通貨の導入は、支払や決済のサービスを中央銀行に移管することで、民間銀行による金融仲介の柔軟性を高めることに貢献しうる。第一の原則の中で触れた、中央銀行デジタル通貨と銀行預金との代替を進める上では、付利などの条件も含めて、この原則との関係も念頭に置く必要がある。

また、第二の原則や第三の原則で議論したように、中央銀行デジタル通貨の導入によって民間ベースでの金融サービスのイノベーションに対するインフラを提供し、個人や取引の情報を民間業者に適切に還元することも、民間金融機関の競争力や収益性を補強することで、金融仲介の下支えに繋がりうる。逆に、中央銀行デジタル通貨が全ての銀行預金を代替したとしても、中央銀行自身が金融仲介に直接関わることは資源配分の点で望ましくないし、そうした問題を回避するための手法は既にみてきたように存在する。

第五の原則は金融システムの安定や金融政策の波及効果の維持である。

中央銀行デジタル通貨が導入された場合、特に家計や企業の支払や決済に広範に使用されるようになった場合、銀行預金に比べて通貨自体の信認が安定する点では、金融危機のリスクは低下する。それでも、民間金融機関に引続き金融仲介を担わせる以上、景気循環などのために与信の内容が悪化するなどの理由で金融システムにストレスが生ずること自体は避けがたい。

このため、中央銀行デジタル通貨が存在する下でも、金融当局による民間金融機関への規制や監督や、中央銀行による「最後の貸し手」の機能は引続き重要である。

もちろん、景気循環に対しては、金融政策の波及効果を確保することも重要である。金融政策は究極的には通貨の量や価格を調節することで経済活動に影響を及ぼすものであるが、中央銀行デジタル通貨が広範に使用される下では、中央銀行が通貨全体を直接に調節しうる状況になるだけに、副作用の抑制やガバナンスのあり方も含めて、新たに慎重な検討が必要になる。

■注■

1 パウエル議長による連邦議会下院ヒル議員らへの書簡を参照（ヒル議員のウエブサイトに概要が掲示されている）(https://hill.house.gov/news/documentsingle.aspx?DocumentID=6345)。もっとも、中央銀行デジタル通貨に対するスタンスは、ＦＲＢ理事の間でもニュアンスの相違も感じられる。この点に関しては Brainard (2019) も参照。

2 例えば、日本国内で金融サービスに対する参入規制が緩和されていった場合、新規参入者が初期投資の削減のため、海外発のテクノロジーや金融サービスを活用することも考えられる。

3 日本銀行が、欧州の中央銀行やＢＩＳと共同で、中央銀行デジタル通貨の活用可能性を評価するためのグループに参加したことは、そうした考え方とも整合的である。日本銀行（２０２０）を参照。

結びに代えて

筆者が、中央銀行デジタル通貨について考えるきっかけとなったのは、本文でも触れたように、「中国金融四十人論壇」と共同で開催している「日中金融円卓会合」の2016年会合で、中国側講師が中国人民銀行による取り組みに触れたことであった。その際には「金融包摂」の文脈で取り上げられたが、「暗号資産」を巡る様々な問題が顕在化していただけにむしろ新鮮な印象を受けた。

次に節目となったのは、これも本文で触れたように、2018年のスイスでの「ソブリン・マネー」を巡る国民投票である。筆者も中央銀行デジタル通貨に関する情報や分析に気を付けるようにしていたが、「ソブリン・マネー」に関しては、商業銀行による金融仲介の本質や「シカゴ・プラン」の再評価といった視点も含めて、実務家だけでなく研究者も含めて多くの論考が提示された。

実際、2018年は国際決済銀行（BIS）もグローバルなサーベイを開始するなど、このテーマに関して主要国の中央銀行による取り組みが表面化した年であった。筆者も、マクロ経済や金融政策に関する欧米当局への定期的な訪問の際に、このテーマに関する面談の機会を設けてもらうことも含めて、調査テーマの一つとして明確に位置づけることができた。

その意味では、２０１８年の時点で今回のような著作に挑戦しても良かったかもしれない。ただし、その時点で参照可能な議論や分析はどちらかといえば概念的なものが多かった印象もあるし、ＤＬＴを中心とする技術面のウエイトも相対的に高かった。それらも重要性は高く、実現に向けたベースとなる議論ではあるが、筆者の手に余る部分も少なくない。

こうした議論の流れを大きく変えたのは、第一章で見た２０１９年の「リブラ構想」である。欧州や中国での中央銀行デジタル通貨に関する調査研究を導入の方向に後押ししただけでなく、現在の金融システムが抱える課題を解決する上で必要な対応や、複雑で巨大な金融システムに円滑に導入する上で必要な枠組みなどについて、より具体的な分析や検討が中央銀行の実務家を中心に多く提示されるようになったわけである。

このような論考を参照しつつ、金融サービスや商業銀行、中央銀行がどう変化するかという視点から中央銀行デジタル通貨を考えることは、筆者にとって他のテーマとのシナジーも含めて取り組みやすかったし、金融機関や政策当局の関係者だけでなく、広く金融サービスに携っておられる方々との接点もより大きくなると思われる。

このテーマは文字通り「日進月歩」であるが、中国やスウェーデンでの実証実験の開始も何とかカバーできた点も含めて、２０２０年の初夏というタイミングで著作を刊行できたことは、少なくとも結果的には幸運であったと思っている。

その一方で、筆者が執筆を開始してから本書が刊行されるまでの間に、「新型コロナウイルス」の感染拡大とその防止策によって、日本を含む世界の経済活動は深刻な打撃を受けた。今後についても、ワクチンや治療薬の開発といった医療面の対応だけでなく、各国経済における家計や企業の破綻の防止に向けた経済政策の効果、グローバルなサプライチェーンの再構築といった点に大きな不透明性があり、経済活動の完全な回復には数年単位の時間を要するとの見方も少なくない。

世界金融危機とは異なり今回は、金融機関を含む金融サービスの提供者は問題の震源地ではないが、経済活動の中期的な停滞やそれに伴う信用コストの上昇などによって大きな影響を受けることは避けられない。このような環境で中央銀行デジタル通貨の導入を議論することは、現実的でないとの意見もあろう。

しかし、世界の主要国が「新型コロナウイルス」の感染防止やそれに伴う経済活動への影響の抑制、あるいは家計や企業への支援を通じて明確になったことは、経済社会のデジタル化が持つ高い有用性である。インターネットによる遠隔診療やスマートフォン・アプリによる感染者の追跡、テレワークやテレビ会議の活用、個人や企業のデジタルデータによる認証とそれに基づく融資や助成金の迅速で効率的な提供など、デジタル技術は多くの領域で極めて大きな役割を発揮した。

つまり、今回の問題を通じて、デジタル化は経済社会の効率化のために望ましいといったレベルではなく、経済社会のサステナビリティに不可欠であることが明らかになったわけである。このため主要国の政府は、経済活動の早期回復といった短期的な目的だけでなく、経済社会の長期的な安定のためにも、デジタル化をさらに一層強く推進することになろう。この点は欧州理事会（欧州連合の首脳会合）が採択したロードマップでも既に明記されている。

したがって、経済社会のデジタル化において金融面での重要な柱となる中央銀行デジタル通貨の導入と、それをインフラとする新たな金融サービスの導入は、「ポスト・コロナ」を展望して、むしろ今こそ一段と具体的な取組みが求められる。本書がその一助となれば幸いである。

最後になったが本書の執筆に際してお世話になった方々に心から感謝を述べたい。この数年の間に国内だけでなく欧米や中国で筆者の議論にお付き合いいただいた方々は極めて多数に上るほか、オフレコを条件にお話いただいた方々も多いので、全ての方々を挙げることは控えるが、特にMITのデジタルカレンシー・イニシアティブ（DCI）のロブレ・アリ氏、日本銀行欧州統括役の河合祐子氏、フューチャー経済・金融研究所長の山岡浩巳氏の3氏には、広報誌の対談を通じて本書の基本的な構想に繋がる貴重なご助言をいただいた。また、みずほ第一フィナンシャルテクノロジー社長の大島周氏と大阪経済大学教授の高橋亘氏には、本テーマに関する基本的な問題意識をご教示いただいた。さらに、野村総合研究所の神宮健氏と楊晶晶氏には、中国の最新の動向について情報や知見をいただいたほか、西森美貴氏には欧州の民間銀行によるイノベーションについてご教示いただいた。なお、本書の中で意見に関する部分は全て筆者個人のものであり、筆者が所属する野村総合研究所や金融イノベーション研究部とは関係がない。

「新型コロナウイルス」の感染が拡大する中でも筆者が本書の執筆に集中できたのは、妻の由美子の支援と配慮に助けられた面が本当に大きかった。改めてお礼を申し上げて本書の結びとしたい。

参考文献

〈日本国内〉

雨宮正佳（2018）：「マネーの将来」、日本金融学会における講演
雨宮正佳（2019）：「日本銀行はデジタル通貨を発行すべきか」、ロイターニュースメイカーにおける講演
雨宮正佳（2020）：「中銀デジタル通貨と決済システムの将来像」、決済の未来フォーラムにおける講演
一般社団法人キャッシュレス推進協議会（2019）：「キャッシュレス・ロードマップ2019」
井上哲也（2018）：「デジタル時代の決済、中銀通貨に限定すべきか」、ロイターフォーラム
井上哲也（2019）：「リブラから考える中央銀行デジタル通貨の意義」、ロイターフォーラム
金融庁（2018）：金融審議会「金融制度スタディ・グループ」第3回会合資料3
黒田東彦（2019）：「決済のイノベーションと中央銀行の役割」、創立35周年記念ＦＩＳＣ講演会での講演
小林亜紀子・河田雄次・渡辺明彦・小早川周司（2016）：「中央銀行発行デジタル通貨について」、日銀レビュー2016‐J‐19

白川方明（２０１１）：「通貨、国債、中央銀行―信認の相互依存性―」、日本金融学会における講演
日本銀行（２０１７）：「分散型台帳技術による資金決済システムの流動性節約機能の実現」
日本銀行（２０１７ａ）：「日本銀行が運営する資金決済システムに関する情報開示」
日本銀行（２０１８）：「分散型台帳技術によるＤＶＰ決済の実現」
日本銀行（２０１９）：「クロスボーダー取引における支払の同期化」
日本銀行（２０２０）：「分散型台帳環境における取引情報の秘匿とその管理の両立」
日本銀行金融研究所（２０１９）：「中央銀行デジタル通貨に関する法律問題研究会報告書」
日本経済新聞（２０２０）：「みずほ銀、海外送金手数料を３０００円引き上げ」（２月３日掲載）
野村総合研究所（２０１６）：「日中金融円卓会合第6回会合議事要旨」
野村総合研究所（２０１７）：「国内金融の活性化に向けた研究会報告書」
野村総合研究所（２０１９）：「金融市場パネル第48回会合議事要旨」
野村総合研究所（２０１９ａ）：「金融一万人アンケート　２０１９年」
古市峰子・森毅（２００５）：「中央銀行の財務報告の目的・意義と会計処理をめぐる論点」、日本銀行金融研究所「金融研究」２００５・７
楊晶晶（２０２０）：「中国の法定デジタル通貨」、野村総合研究所金融ＩＴフォーカス3月号
山岡浩巳・井上哲也（２０２０）：「金融×ＩＴ対談」、野村総合研究所金融ＩＴフォーカス３月号
柳川範之・山岡浩巳（２０１９）：「情報技術革新・データ革命と中央銀行デジタル通貨」、日本銀行ワーキングペーパーシリーズ　No.19－Ｊ－１

〈海外〉

Adrian, T. and T. Mancini-Griffoli(2019):“The Rise of Digital Money”, IMF NOTE/19/01,

Agur. I., Ari, A. and G. Dell’Ariccla(2019):“Designing Central Bank Digital Currencies”, IMF Working Paper WP/19/252

Andolfatto, D.(2018):“Assessing the Impact of Central Bank Digital currency on Private Banks”, Federal Reserve Bank of St. Louis Working Paper 2018-026C

Auer, R., and R. Boehme(2020):“The technology of retail central bank digital currency”, BIS Quarterly Review March

Bacchetta, P. (2018):“The sovereign money initiative in Switzerland: an economic assessment”, Swiss Journal of Economy and Statistics 154:3

Bagehot. W(1873):“Lombard Street: A Description of the Money Market”, Henry S. King & Co.

Bank for International Settlements(2017):“What is distributed ledger technology”, BIS Quarterly Review, September

Bank for International Settlements(2018):“Cryptcurrencies: looking beyond the hype”, BIS Annual Economic Report

Bank for International Settlements(2018a):“Central bank digital currencies”, Joint report, Committee on Payments and Market Infrastructures and Markets Committee

Bank for International Settlements(2018b):"Liquidity Coverage Ratio (LCR) – Executive Summary", FSI Directive

Bank for International Settlements(2018c):"Net Stable Funding Ratio (NSFR) – Executive Summary", FSI Directive

Bank for International Settlements(2020):"BIS Quarterly Review. March 2020"

Bank of England(2015):"One Bank Research Agenda"

Bank of England(2019):"Future of Finance"

Bank of England(2020):"Central Bank Digital Currency – Opportunities, challenges and design"

Bannester, G., Turunen, J. and M. Gardberg(2018):"Dollarization and Financial Development", IMF Working Paper No. 18/200

Banque de France(2020):"Central Bank Digital Currency"

Barrdear, J. and M. Kumhof(2016):"The macroeconomics of central bank issued digital currencies", Bank of England Staff Working Paper No. 605

Barontini, C. and H. Holden(2019):"Proceeding with caution – a survey on central bank digital currency", BIS Papers No.101

Basel Committee on Banking Supervision(2019):"The costs and benefits of bank capital – a review of the literature", Working Paper 37

Bech, M. and J. Hancock(2020):"Innovation in payments", BIS Quarterly Review, March

Bech, M and R Garratt (2017): "Central bank crypto currencies", BIS Quarterly Review, September

Benes, J. and M. Kumhof(2012):"The Chicago Plan Revisited", IMF Working Paper WP/12/202

Bernanke, B., Laubach, T., Mishkin, F. and A. Posen(1999):"Inflation Targeting: Lessons from the International Experience", Princeton University Press

Bindseil, U.(2020):"Tiered CBDC and the financial system", European Central Bank Working Paper Series No 2351

Boar, C., Holden, H, and A. Wadsworth(2020):"Impending arrival – a sequel to the survey on central bank digital currency", BIS Papers No.107

Bordo, M.(2017):"Central bank digital currency and the future of monetary policy", NBER Working Paper No. 23711

Bordo, M. and A. Levin(2019):"U.S. Digital Cash: Principles and Practical Steps", Hoover Institution Economic Working Paper 19101

Brainard, L.(2020):"The Digitalization of Payments and Currency: Some Issues for Consideration", Speech at Symposium on the Future of Payments, Stanford Graduate School of Business

Broadbent, B(2016):"Central banks and digital currencies", Speech at London School of Economics

Bruegal(2019):"The Next Generation of Digital Currencies: In Search of Stability", Requested by the ECON committee, European Parliament

Brunnermeier, M and J. Koby(2018):"The Reversal Interest Rate", NBER Working Paper No. 25406

Brunnermeier, M. and H. James(2019):"The Digitalization of Money", NBER Working Paper No. 26300

Buiter, W.(2007):"Seigniorage", NBER Working Paper No.12919

Bullmann, D. , Klemm, J. and A. Pinna(2019):"In search for stability in crypto-assets: are stablecoins the solution?", European Central Bank Occasional Paper No.230

Carney, M(2019):"The Growing Challenges for Monetary Policy in the current International
Monetary and Financial System", Speech at Jackson Hole Symposium

Carstens, A.(2019):"The future of money and the payment system: what role for central banks?", Lecture at Princeton University

Central Bank of Ireland(2018):"Rafkrona?: Central bank digital currency Interim Report"

Coeure, B.(2018):"The future of central bank money", Speech at the International Center for Monetary and Banking Studies

Council of the EU(2019):"Joint statement by the Council and the Commission on "stablecoins"

Dalia Research(2018):"How many people actually own crypt currency"

Danmarks Nationalbank(2017):"Central bank digital currency in Denmark?", Analysis No.28

Davies, H. and D. Green(2010):"Banking on the Future: The Fall and Rise of Central Banking", Princeton University Press

Demiralp, S., Eisenschmidt, J., and T. Vaassopoulos(2019):"Negative interest rates, excess liquidity and retail deposits: bank's reaction to unconventional monetary policy in the euro area", European Central

Bank Working Paper No.2283

Engert, W. and B. Fung(2017):"Central Bank Digital Currency: Motivations and Implications", Bank of Canada Staff Discussion Paper 2017-16

European Central Bank(2019):"Innovation and its impact on the European retail payment landscape"

European Parliament(2019):"The Next Generation of Digital Currencies: In Search of Stability" (Requested by the ECON committee, Monetary Dialogue Papers)

Eichengreen, B(2019):"From Commodity to Fiat and now to Crypto: What does history tell us?", NBER Working Paper No.25426

Federal Council <Switzerland>(2019):"Central bank digital currency", Report in response to the Postulate 18.3159, Wermuth, of 14.06.2018

Financial Times(2016):"Banks look for cheap way to store cash piles as rate go negative",
August 16

Financial Stability Board(2019):"Crypto-assets: Work underway. Regulatory approaches and potential gaps"

Financial Stability Board(2019):"Decentralized financial technologies: Report on financial stability, regulatory and governance implications"

Fung, B. and H. Halaburda(2016):"Central bank Digital Currencies: A Framework for Assessing Why and How", Bank of Canada Staff Discussion Paper 2016-22

G7 Working Group on Global Stablecoin (2019):“Investigating the impact of global stablecoins”

G7 Finance Ministers and Central Bank Governors(2019):“Chair’s Statement on Stablecoins”

Gnan, E. and D. Masciandro (ed)(2018):“Do We Need Central Bank Digital Currency?”, SUERF Conference Proceedings 2018/2

Gross, M. and C. Siebenbrunner(2019):“Money Creation in Fiat and Digital Currency Systems”, IMF Working Paper WP/19/285

Haasl, T, Schulhofer-Wohl, S. and A. Paulson(2018):“Understanding the Demand for Currency at Home and Abroad”, Chicago Fed Letter, No.396

Huber, J. and J. Robertson(2018):“Creating New Money”, New Economic Foundation

Jordan, T.(2019):“Currencies, money and digital tokens”, Speech at the 30th anniversary of the WWZ and VBO, University of Basel

Kahn, C., Rivadeneyra, F. and T. Wong(2019):“Should the central bank issue e-money?”, Federal Reserve Bank of St. Louis Working Paper 2019-003A

KPMG(2016):“Money Issuance: Alternative Monetary Systems”

Kumhof, M. and J. Benes(2012):“The Chicago Plan Revisited”, IMF Working paper No.12/202

Kumhof, M. and C. Noone(2018):“Central bank digital currencies - design principles and balance sheet implications”, Bank of England, Staff Working Paper No. 725

Libra Association(2019):“An Introduction to Libra”

Mancini-Griffoli, T., Peria, M., Agur, I., Ari, A., Kiff, J., Popescu, A., and C. Rochon(2018):“Casting Light on Central Bank Digital Currency”, IMF Staff Discussion Notes No.18/08

McAndrews, J.(2017):“The Case for Cash”, ADBI Working Paper Series No.679

Meaning, J., Dyson, B., Baker J. and E. Clayton(2018):“Broadening narrow money: monetary policy with a central bank digital currency”, Bank of England Staff Working Paper No.724

Mersch, Y(2017):“Digital base money : an assessment from the ECB’s perspective”, Speech at the Bank of Finland, January

Mersch, Y.(2017):“Central banking in times of technological progress”, Speech at Bank Negara Malaysia Monetary Policy Conference

Mersch, Y(2018):“Virtual or virtueless? The evolution of money in the digital age”, Lecture at the Official Monetary and Financial Institutions Forum, London

Mersch, Y.(2018):“Virtual currencies ante portas”, Speech at 39th meeting of the Governor’s Club Bodrum

Norges bank(2018):“Central bank digital currencies”, Norges Bank Papers, No1

Panetta, F.(2018):“21st century cash: central banking, technological innovation and digital currency”, Do We Need Central Bank Digital Currency?, SUERF Conference Proceedings 2018/2

Pfister, C.(2017):“Monetary Policy and Digital Currencies: Mach Ado about Nothing?”, Banque de France Working Paper #642

Pfister, C.(2019):"Central Bank Digital Currency: One, Two or None?", Banque de France Working Paper #732

PWC(2019):"Emergence of Stable Value Coins and A Trust Framework for Fiat-Backed Versions"

Reinhart, C. and K. Rogoff(2014):"Recovery from Financial Crisis: Evidence from 100 Episodes", NBER Working Paper No. 19823

Rogoff, K.(2014):"Costs and benefits to pashing out paper currency", NBER Working Paper 20126

Rogoff, K.(2016):"The Curse of Cash", Princeton University Press

Roberds, W. and F. Velde(2014):"Early Public Banks", Federal Reserve Bank of Chicago Working Paper 2014-03

Satoshi Nakamoto(2008):"Bitcoin: A Peer-to-Peer Electronic Cash System"

Smets, J.(2018):"The Future of central banking", Speech at the conference by the Belgian Financial Forum and SUERF

Sveriges Riksbank(2017):"The Riksbanks e-krona project report 1"

Sveriges Riksbank(2018):"The Riksbanks e-krona project report 2"

Sveriges Riksbank(2020):"The Riksbank's e-krona pilot"

Swish(2019):"Swish Statistics 2012-2019"

Swiss National Bank(2010):"Financial Stability Report 2009"

Swiss National Bank(2018):"Arguments of the SNB against the Swiss sovereign money initiative"

易綱（２０１９）：（建国70周年に関する記者会見）（9月24日・北京）
張正鑫・趙岳（２０１６）：「央行探索法定数字貨幣的国際経験」、中国金融第17期
中国人民銀行数字貨幣研究項目組（２０１６）：「法定数字貨幣的中国之路」、中国金融第17期
周小川（２００９）：「国際通貨システムに関する考察」、中国人民銀行
姚前（２０１６）：「中国法定数字貨幣原型構想」、中国金融第17期
鄒伝偉（２０１９）：「対人民銀行ＤＣ／ＥＰ的初歩分析」、財新（11月１日掲載）
穆長春（２０１９）：「央行数字貨幣的設計与架機」、中国金融四十人論壇

井上 哲也（いのうえ・てつや）

野村総合研究所　主席研究員

1985年 東京大学経済学部卒、92年 米イェール大学経済学大学院修士修了

85年に日本銀行に入行、福井副総裁の秘書、植田審議委員の専属スタッフなどを担当した後、金融市場局で参事役としてBISやEMEAPなど国際会議に参画。2008年に野村総合研究所に入社、主要国の中央銀行による政策をテーマに「金融市場パネル」を主宰したほか、メディアへの寄稿や出演も多数。12年に新時代の中央銀行論である『あすにかける』（ハワード・デイビス、デイビッド・グリーン著、金融財政事情研究会）を監訳、13年には『異次元緩和』（日本経済新聞出版）を刊行。

デジタル円

2020年7月17日　1版1刷

著　者　井上哲也

発行者　白石　賢

発　行　日経BP
日本経済新聞出版本部

発　売　日経BPマーケティング
〒105-8308　東京都港区虎ノ門4-3-12

装　幀　野網雄太

ＤＴＰ　マーリンクレイン

印刷・製本　三松堂／積信堂

ISBN 978-4-532-35857-0 Printed in Japan